Guillermo Cifuentes

Análisis de seguridad en base de datos: Aplicación Oracle versión 11g

AF613631

Guillermo Cifuentes

Análisis de seguridad en base de datos: Aplicación Oracle versión 11g

Checklist de seguridad definido de acuerdo al nivel de riesgo que representa

Editorial Académica Española

Imprint

Any brand names and product names mentioned in this book are subject to trademark, brand or patent protection and are trademarks or registered trademarks of their respective holders. The use of brand names, product names, common names, trade names, product descriptions etc. even without a particular marking in this work is in no way to be construed to mean that such names may be regarded as unrestricted in respect of trademark and brand protection legislation and could thus be used by anyone.

Cover image: www.ingimage.com

Publisher:
Editorial Académica Española
is a trademark of
International Book Market Service Ltd., member of OmniScriptum Publishing Group
17 Meldrum Street, Beau Bassin 71504, Mauritius

Printed at: see last page
ISBN: 978-620-2-09788-8

Copyright © Guillermo Cifuentes
Copyright © 2017 International Book Market Service Ltd., member of OmniScriptum Publishing Group
All rights reserved. Beau Bassin 2017

Título: "Análisis de seguridad en base de datos: Aplicación Oracle versión 11g"

Contenido

RESUMEN: La información es un activo de las organizaciones, permite la toma de decisiones oportunas a nivel gerencial y por consiguiente un alto nivel de competitividad dentro del mercado. Las tecnologías de la información constituyen otro factor determinante para el manejo de la información en las empresas, cuyo mayor o menor grado de automatización genera el nivel de dependencia de la organización con la tecnología, siendo las bases de datos el medio en el cual se almacena y gestiona la información. La Seguridad de la Información ha tomado un lugar determinante en la gestión de la Tecnología de la Información (TI), y se ha convertido en un elemento fundamental para toda estrategia empresarial con miras a lograr metas importantes a corto, mediano y largo plazo con el objetivo de proteger y asegurar la información, considerando las propiedades que son la disponibilidad, integridad y confidencialidad. Si en realidad se pueden definir niveles de seguridad de acuerdo a los estándares y mejores prácticas, con la cual se podrá evidenciar que al aplicarlos se reduce el riesgo de intrusiones a la base de datos. El presente libro describe un checklist de seguridades que sirven de guía para administradores de base de datos.

ABSTRACT: Information is an asset of organizations , it allows timely decision making at the management level and therefore a high level of competitiveness in the Business.Information tecnologies are determinant factor on information management in Organizations whose has tecnology automatization dependency, therefore the information is stored in databses and their security is important. Data security has taken a leading place in the management information Technology (iT) , and has become an essential element of any business strategy to achieve important goals in the short, medium and long term in order to protect and secure the informatio, considering the properties that are the availability , integrity and confidentiality . This article describes a checklist of securities parameters that serve as a guidelines for database administrators.

Introducción:

La información es un activo de las organizaciones, permite la toma de decisiones oportunas a nivel gerencial y por consiguiente un alto nivel de competitividad dentro del mercado.

Las tecnologías de la información constituyen otro factor determinante para el manejo de la información en las empresas, cuyo mayor o menor grado de automatización genera el nivel de dependencia de la organización con la tecnología, siendo las bases de datos el medio en el cual se almacena y gestiona la información.

La Seguridad de la Información ha tomado un lugar determinante en la gestión de la Tecnología de la Información (TI), y se ha convertido en un elemento fundamental para toda estrategia empresarial con miras a lograr metas importantes a corto, mediano y largo plazo con el objetivo de proteger la información, manteniendo su disponibilidad, integridad y confidencialidad.

En este entorno, la base de datos Oracle es una de las herramientas tecnológicas utilizada principalmente por empresas grandes para el manejo de la información, desde la versión 9i ya incluye aspectos de seguridad como: Label security[1] y Fine grained Auditing[2].

La versión 10 incluyó mejoras en varios aspectos de seguridad e incluyó nuevos conceptos como: Client identity Propagation[3], Secure configuration scanning[4], entre otros. Con el paso del tiempo la importancia de la seguridad fue creciendo, por lo que

[1] (Oracle, 2007)
[2] (Oracle, 2013)
[3] (Oracle, 2008) Client identity Propagation: Permite a un cliente actuar como un agente de otro cliente usando la identidad del cliente original.
[4] (Oracle, 2008)Secure configuration scanning: Característica de seguridad que monitorea la configuración de seguridad.

la versión 11g de Oracle comprende: Data Base Vault[5], Audit Vault[6], también se protege el flujo de información con Data Masking así como también con Data Encryption. Esta versión también tiene un complemento de seguridad que implementa una barrera de firewall propio de Oracle. A pesar de contar con todos estos complementos de seguridad, no define niveles de seguridad para la información almacenada en la base de datos.

El presente proyecto busca definir configuraciones por niveles de seguridad de acuerdo a los estándares y mejores prácticas, con la cual se podrá evidenciar que al aplicarlos se reducen los riesgos de seguridad de la información almacenada en la base de datos. La Tesis es una guía para los administradores de Base de Datos que requieran implementar niveles de seguridad en Oracle11g.

Importancia:

La implementación de seguridad de la información a nivel mundial ha crecido exponencialmente; en nuestro país en los últimos años se ha reconocido la importancia de incorporarla a empresas tanto públicas como privadas. Cada vez más, los procesos empresariales se ven estrechamente ligados a procesos informáticos automatizados. La dependencia que existe de las organizaciones y la tecnología de la información hace crítica la inversión en seguridad.

Las empresas han encaminado sus esfuerzos en materia de seguridad contratando asesoría y/o consultoría especializada, o de manera puntual como respuesta a incidentes de seguridad y también incorporando creando áreas de seguridad de la información e incorporando personal; a pesar de esto, aún no se implementa formalmente la seguridad de las bases de datos en la mayoría de las empresas. En los planes estratégicos de TI

[5] (Oracle, 2008)Data Base Vault: Centraliza los controles de seguridad en el denominado baúl.
[6] (Oracle, 2008)Audit Vault: Centraliza las políticas y controles de auditoria en el denominado baúl.

se determina como prioritario la seguridad de la información contenida en las bases de datos. Considerando que la base de datos contiene información de vital importancia, es primordial planificar e implementar seguridades en los datos de la empresa.

Con este antecedente se evidencia la importancia de disponer de una configuración para la seguridad de la base datos, que establezca los parámetros a configurar para lograr un nivel de seguridad óptimo, fundamentado por medio de la implementación de controles adecuados de seguridad en la base de datos que no interfieran con la funcionalidad. Cabe resaltar que un factor de éxito para implementar seguridad es el balance con la funcionalidad.

Capítulo I

1. Marco teórico

1.1.1. Antecedentes del estado del arte

Cada entorno informatizado es diferente, la funcionalidad y características técnicas de los componentes cambian según el fabricante, manejan distintos tipos de información y por ende, es distinta la forma en que se tratan los datos, por lo que las especificaciones de seguridad asociadas a cada uno varía notablemente, dependiendo de la tecnología utilizada a nivel de plataforma, software base y dispositivos físicos.

La información es un activo vital para el éxito y la continuidad en el mercado de cualquier organización. El aseguramiento de dicha información y de los sistemas que la procesan es, por tanto, un objetivo de primer nivel para la organización.

Es necesario implantar un sistema que aborde esta tarea de una forma metódica, documentada y basada en objetivos claros de seguridad y una evaluación de los riesgos a los que está sometida la información de la organización.

Hoy en día la amenaza más común en los ambientes informatizados se centra en la eliminación o disminución de la disponibilidad de los recursos y servicios que utiliza el usuario, que se materializan por medio de los incidentes de seguridad. Los incidentes de seguridad son sucesos que no deberían ocurrir, la mayoría son inesperados, aunque en muchos casos se pueden prevenir.

Dentro de los incidentes más comunes según el estudio anual de CERT[7] tenemos:

- Acceso no autorizado a la información;
- Descubrimiento de información;
- Modificación no autorizada de datos;
- Invasión a la privacidad
- Denegación de servicios

Las bases de datos (BD) son entidades en las cuales se pueden almacenar datos de manera estructurada, con la menor redundancia posible.

1.1.1.1. Seguridad informática y seguridad de la información

La seguridad informática, es el área de la informática que se enfoca en la protección de la infraestructura computacional y todo lo relacionado con ésta; incluyendo la información contenida. Para ello, existen una serie de estándares, protocolos, métodos, reglas, herramientas y leyes concebidas para minimizar los

[7] (Cert, 2013)

posibles riesgos a la infraestructura o a la información. (José Manuel Acosta, 2010, Universidad Tecnológica del sur de Sonora)

La seguridad informática comprende controles para aplicaciones, software, bases de datos, metadatos, archivos, que conforman la infraestructura informática. Toda organización tiene su propia infraestructura, y todo lo que la organización valore se denomina activo y significa un riesgo si llegara a manos de otras personas, debe estar resguardada y se deben tomar medidas de protección. La pérdida de información puede ocasionar un perjuicio no solo económico sino también afectar a la organización en el desarrollo, en el crecimiento y en la imagen.

"La Seguridad de la Información tiene como fin la protección de la información y de los sistemas de la información del acceso, uso, divulgación, interrupción o destrucción no autorizada." (Asociación Española Para la Calidad, 2013). La seguridad de la información es la preservación de:

1. ***Confidencialidad:*** asegurar que la información es accesible solo para aquellos autorizados de tener acceso.
2. ***Integridad:*** garantía de la exactitud y completitud de la información y de sus métodos de procesamiento.
3. ***Disponibilidad:*** asegurar que los usuarios autorizados tienen acceso cuando lo requieran a la información y a sus activos asociados.

Fig. I – Pirámide Seguridad de la Información

El concepto de ***seguridad de la información*** no debe ser confundido con el de seguridad informática, ya que este último sólo se encarga de la seguridad en el medio informático, pero la información puede encontrarse en diferentes medios o formas, y no solo en medios informáticos. La ***seguridad informática*** es la disciplina que se ocupa de diseñar las normas, procedimientos, métodos y técnicas destinados a conseguir un sistema de información seguro y confiable. (Slideshare, Normas de seguridad Informática, Septiembre 2012)

Para el hombre como individuo, la seguridad de la información tiene un efecto significativo respecto a su privacidad, la que puede cobrar distintas dimensiones dependiendo de su cultura.

El campo de la seguridad de la información ha crecido y evolucionado considerablemente a partir de la Segunda Guerra Mundial, convirtiéndose en una carrera acreditada a nivel mundial. Este campo ofrece muchas áreas de especialización, como son el desarrollo de Sistemas de Gestión de Seguridad de la Información (SGSI), auditoría de SGSI, planificación de la continuidad del negocio, e incluye:

- Seguridad en sistemas operativos
- Seguridad en redes
- Seguridad en base de datos
- Seguridad en internet
- Seguridad en desarrollo de aplicaciones

1.1.2. Seguridad

El objetivo principal de la seguridad en la base de datos es proteger la información almacenada para mantener la integridad, confidencialidad y disponibilidad sin afectar la funcionalidad, mediante la implementación de controles.

Hoy en día cuando los ataques evolucionan y las empresas tienen que salvaguardar los datos que son la clave de sus actividades, es cuando se está dando la debida importancia a la seguridad de la base de datos, como tal, muy aparte de las otras capas de seguridad que se hayan implementado en las organizaciones. Siendo así, la seguridad de la base de datos es la última barrera de defensa ante intrusiones.

En la seguridad de base de datos existen varios aspectos a considerarlos cuales se describen a continuación.

- ***Físicas:*** controlar el acceso al equipo.
- ***Control de acceso:*** acceso sólo del personal autorizado, perfiles de usuario y restricciones de uso de vistas.

- ***Auditoria:*** configuración de archivos históricos, pistas de auditoría, control de las operaciones críticas efectuadas en cada sesión de trabajo por cada usuario, etc.
- ***Personal:*** protección frente a manipulación por parte del administrador.
- ***Identificar y autorizar a los usuarios:*** uso de códigos de acceso y palabras claves, exámenes, impresiones digitales, reconocimiento de voz, barrido de la retina, etc.
- ***Calendarización:*** usar derechos de acceso dados de acuerdo con un plan establecido por la operación que puede realizar o por la hora del día.
- ***Técnicas de cifrado:*** para proteger claves, datos en base de datos distribuidas o con acceso por red o internet.
- ***Cuentas privilegiadas:*** en especial del administrador de la base de datos con permisos para: creación de cuentas, concesión y revocación de privilegios y asignación de los niveles de seguridad.
- ***Discrecional:*** se usa para otorgar y revocar privilegios a los usuarios a nivel de archivos, registros o campos en un modo determinado (consulta o modificación).
- ***Obligatoria:*** sirve para imponer seguridad de varios niveles tanto para los usuarios como para los datos. (Anónimo, Monografías 2013)

1.1.2.1. Normas de seguridad de la información

La Organización Internacional para la Estandarización (ISO) y la Comisión Electrotécnica Internacional (IEC) han desarrollado una serie de normas internacionales de amplísima difusión a nivel mundial en el ámbito de seguridad de la información es la Norma ISO/IEC 27000. Desde el 2005 la ISO ha venido mejorando y reuniendo más estándares, los cuales son reconocidos a nivel mundial. En el siguiente grafico se evidencia el historial y las publicaciones más destacadas de esta gran familia de la ISO 27000.

Como se puede apreciar en el grafico anterior, ISO ha tenido una evolución notoria de normas implantadas a nivel mundial, donde se destacan anualmente diferentes versiones y sub familias que son utilizadas por una amplia gama de usuarios.

Fig. II –Familias ISO evolución

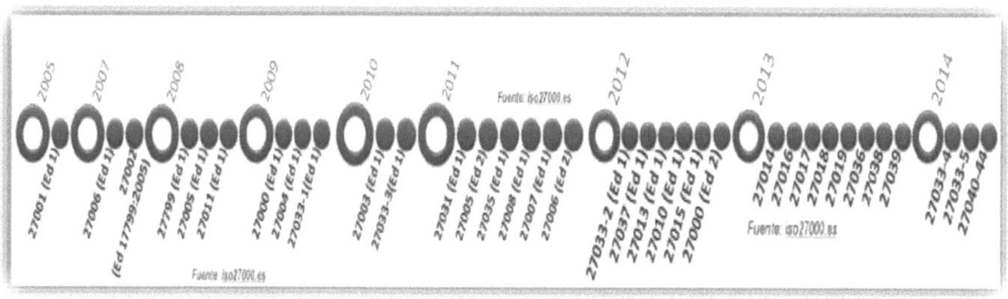

Se puede notar que del año 2012 en adelante la ISO ha aumentado su número de ediciones, que de acuerdo a la demanda de nuevas normas en el mundo han ido adaptándose a las necesidades de normalización.

La norma internacional ISO/IEC 27000 se denomina familia, la misma que agrupa a las siguientes normas:

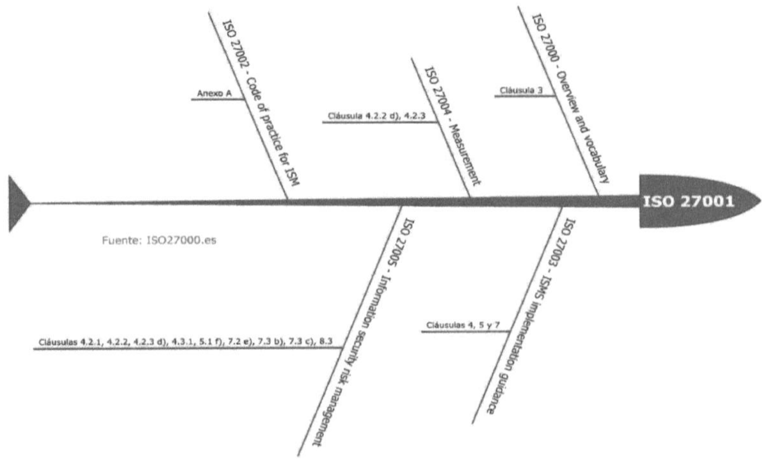

Fig. III – Familia ISO 27000

- ISO 27000: sistema de gestión de seguridad de la información- descripción general y vocabulario
- ISO 27001: sistema de gestión de seguridad de la información - requisitos
- ISO 27002: código de práctica para la gestión de la seguridad de la información.

En el anexo A se encuentran listados todos los aspectos y subfamilias de la ISO 27000.

1.1.2.2. Normas / Estándares de seguridad en base de datos

Existen varios estándares de seguridad en el mundo, la mayoría de ellos no son específicos para base de datos, sin embargo, se puede implementar en las BD los controles de seguridad de diferentes normas, estas normas en los países industrializados ya son exigidas a las empresas y dependiendo de la actividad de las mismas se exigen controles más estrictos, basados en estándares y normas internacionales.

Parte del análisis y la investigación, dichas normas van ligados a las bases de datos, más adelante se describen los más relevantes que a nivel mundial son utilizados por empresas comprometidas con la seguridad.

Entre las normas más relevantes se encuentran:

- International Standards Organization - ***Normas ISO***
- Objetivos de Control en Tecnologías de Información - ***COBIT***
- British Standards Institute - ***BS***
- Sarbanes Oxley - ***SOX***
- Acuerdo de Basilea - ***Basilea II***
- *Health Insurance Portability and Accountability Act* - ***HIPAA***
- Payment Card Industry Standard - ***PCI***

ISO.- Organización internacional de normalización, esta organización propone ciertos estándares en diferentes áreas, para la parte de seguridad existe la familia ISO/IEC27000.

COBIT.- Es un conjunto de normas y objetivos de control relacionados con la tecnología de información, entre los objetivos de control existe la parte de seguridad de la información y dentro de estos el relacionado con la base de datos.

BS.- Son estándares fijados para la parte europea Británica, estas normas son compatibles con la ISO/IEC.

Sarbanes Oxley (SOX).- Conjunto de regulaciones creadas para instituciones que cotizan en la bolsa. Fue creada luego de algunos escándalos corporativos y actualmente es aplicada por la mayoría de empresas en Estados Unidos.

Basilea II.- Consiste en recomendaciones sobre la legislación y regulación bancaria, para prevenir riesgos operativos financieros.

HIPAA.- Regla de Privacidad, de acuerdo con la Ley de Portabilidad y Contabilidad de Seguros de Salud, es una ley que protege la información de salud de los individuos.

PCI.- Es un estándar que recoge requisitos y normas de seguridad que deben seguir todas las compañías que trabajen con tarjetas de crédito.

BDSG.- Es la directiva 2002/58/EC del parlamento Europeo y concierne al procesamiento de información personal y protección de la privacidad en el sector de las comunicaciones electronicas. (Directive on privacy and electronic communications)

Las opciones de seguridad de la base de datos Oracle, dan cumplimiento a un amplio rango de regulaciones y normativas entre las que se destacan las siguientes:

	CARACTERISTICAS Y CUMPLIMIENTOS REGULATORIOS DE ORACLE (SOX, HIPAA, BDSG, EUROPEAN DIRECTIVE 2002/58/EC)															
	Component/ Requeriment	**Oracle DB**	**Virtual Private Database**	**Oracle Label Security**	**Oracle Databas e Vault**	**Oracle Advance Security**	**Oracle Recovery Manageme nt Secure-Backup**	**Oracle Audit Vault**	**Data Guar d**	**Content DB**	**Oracle identify manage ment**	**Oracle Real Aplication Clusters**	**Oracl e AS**	**Partitioning**	**EM configuraton management**	**AS M**	**Regulation and Section**
1	**Data clasification**	X	X	X	X						X	X					SOX sec. 302, 404 Directive Art. 7, FDPA, 9,14,19. HIPAA 162, 308
2	**Data retention**	X								X				X		X	SOX sec. 103; FDPA 6to, 10, 36 Directive Art.8
3	**Data Backup**						X							X		X	HIPAA 184 310 , HIPAA 164 300, SOX sec. 409; FDPA 9
4	**Recovery**	X					X							X			HIPAA 164 308
5	**Integrity**	X	X	X	X	X					X						HIPAA 164 312 SOX sec 109, 303, 404 FDPA 9,11,14,20,95
6	**Encription**	X				X	X						X				HIPAA 164 312 HIPAA 184 312 SOX sec 302, 404 . FDPA 9
7	**Identification**	X		X							X						HIPAA 164 312 SOX sec 302, 404

																	Directive Art. 6,7,9. FDPA 9
8	**Autentication**	X		X	X	X					X						HIPAA 164 312 SOX sec 302, 404 Directive Art. 6,7,9. FDPA 9
9	**Autorization**	X	X	X							X						SOX 302, 404 Directive Art. 7,9. FDPA 5,9,14
10	**Access control**	X	X	X	X						X		X				HIPAA 164 312 SOX sec 302, 404 Directive Art. 6,7,9. FDPA 9
11	**Fine-grained access control**	X	X	X													HIPAA 164 312 SOX sec 302, 404.
12	**User account managment & review of privileges**	X		X							X				X		HIPAA 164 302
13	**Password managment**	X									X						HIPAA 164 312 SOX sec 302, 404 Directive Art. 6,7,9. FDPA 14
14	**Last privilege principle**	X	X	X	X												SOX sec 302, 404 Directive Art. 6,7,9. FDPA 14

15	**Segregation of duties**	X			X												HIPAA 164 312 HIPAA 184 312 Directive Art. 9 SOX sec 302, 404 . FDPA 4g, 11, 42
16	**Monitoring for violation & security activity report (fine grained auditing)**	X		X				X									HIPAA 164 312 SOX sec 302, 404 Directive Art. 9. FDPA 9,15
17	**Secure comunication**					X							X				HIPAA 164 312 SOX sec 302, 404 Directive Art. 9. FDPA 9,15
18	**Audit trails**	X		X				X					X				HIPAA 164 312 SOX sec 302, 404 FDPA 8,11,14,15,,30,35
19	**Availability**	X							X			X		X		X	HIPAA 164 312 SOX sec 404 FDPA 14, 36
20	**Operation logs**	X						X					X				SOX sec. 103, 302, 404; FDPA 9,20,35

Tab. I– Regulaciones de Oracle

1.1.2.3. Normas en Ecuador

En el Ecuador el Instituto Ecuatoriano de Normalización (INEN) es eje principal del Sistema Ecuatoriano de la Calidad en el país, competente en Normalización, Reglamentación Técnica y Metrología, que contribuye a garantizar el cumplimiento de los derechos ciudadanos relacionados con la seguridad; la protección de la vida y la salud humana, animal y vegetal; la preservación del medio ambiente; la protección del consumidor y la promoción de la cultura de la calidad y el mejoramiento de la productividad y competitividad en la sociedad ecuatoriana. (INEN www.inen.gob.ec)

Actualmente, INEN tiene aprobadas en el Ecuador varias normas y estándares relacionados con la tecnología, dentro de estos están controles importantes para la seguridad de la base de datos. A continuación se muestra el listado oficial aprobado por el gobierno de las normas ISO adoptadas en el país.

Tab. I - Lista de normas aprobadas y vigentes en el Ecuador

No.	CODIGO	TITULO	AÑO	PROCESO TI
1	NTE INEN[8] ISO/IEC	Tecnologías de la Información - Técnicas de seguridad -	2011	SEGURIDAD
2	NTE INEN ISO/IEC	Tecnologías de la Información. Técnicas de Seguridad. Sistemas	2010	
3	NTE INEN ISO/IEC	Tecnologías de la Información. Técnica de Seguridad. Código	2009	

[8] NTEINEN: Norma Técnica del instituto Ecuatoriano de Normalización.

4	NTE INEN ISO/IEC	Tecnología de la Información - Técnicas de seguridad –	2011
5	NTE INEN ISO/IEC	Tecnología de la Información – Técnicas de Seguridad –	2011
6	NTE INEN ISO/IEC	Tecnologías de la Información – Técnicas de seguridad - Gestión	2011
7	NTE INEN ISO/IEC 27006	Tecnologías de la Información - Técnicas de Seguridad – Requisitos para Organizaciones	2011
8	NTE INEN ISO/IEC	Informática para la Salud. Gestión de la Seguridad de la	2011
9	NTE INEN ISO/IEC	Tecnologías de la Información – Técnicas de seguridad –	2012

Como se puede apreciar, no existen normas, estándares, reglamentos o guías en el Ecuador referente específicamente a la base de datos. Este podría significar un problema para las empresas, ya que actualmente solo se está controlando a entidades financieras a través de las regulaciones emitidas por la superintendencia de Bancos.

Norma ISO 27000

La primera versión de esta norma data del año 2000 y está basada en la norma británica BS 7799-1. La norma está organizada en 11 dominios, los cuales contiene un total de 134 controles que abarcan desde los aspectos estratégicos de un SGSI hasta los más operativos.

Fig. IV – Pirámide de dominios

1.1.2.3.1. Dominios de la norma UNIT-ISO/IEC 27002-27001

La norma ISO/IEC 27001 que en el Ecuador fue adoptada como UNIT-ISO 27001, Sistema de Gestión de la Seguridad de la Información-Requisitos publicada el 14 de octubre de 2005, es la norma que puede ser certificable. Esta norma utiliza el modelo de proceso PDCA (Plan-Do-Check-Act) similar a los de gestión de calidad ISO 9000, ISO 14000 de servicios, entre otros, (ver anexo A).

Está basada en la norma BS 7799-2, la cual viene siendo utilizada para certificar en los últimos siete años aproximadamente.

Alrededor de 2000 organizaciones ya tienen la certificación del SGSI, y se espera que este número crezca en gran medida dada la importancia de esta norma internacional.

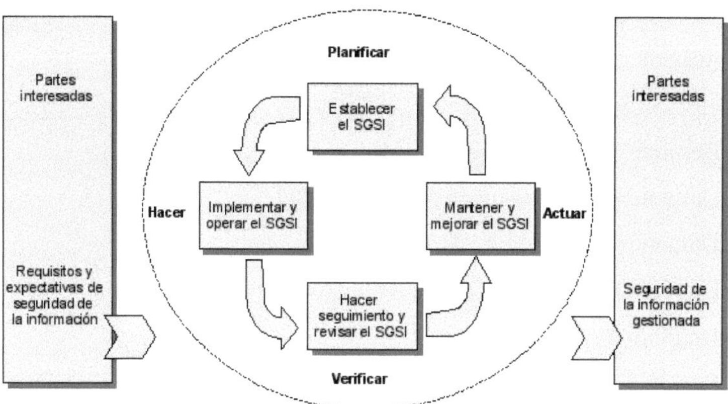

Fig. V – Modelo PDCA para un SGSI

La ISO 27002 es una herramienta muy útil para los responsables de iniciar, implantar o mantener la seguridad de una organización. En junio de 2005 se publicó una nueva versión de la ISO/IEC 27002. Esta nueva versión integra los últimos desarrollos en el campo, para mantenerse como la norma internacional reconocida en materia de buenas prácticas para la gestión de la seguridad de la información.

ISO / IEC 27002:2005 comprende la norma ISO / IEC 17799:2005 e ISO / IEC 17799:2005 / Cor.1: 2007. Su contenido técnico es idéntica a la de la norma ISO / IEC 17799:2005. ISO / IEC 17799:2005 / Cor.1: 2007 cambia el número de referencia de la norma 17799-27002.

ISO / IEC 27002:2005 establece los lineamientos y principios generales para iniciar, implementar, mantener y mejorar la gestión de seguridad de la información en una organización. Los objetivos describen ofrecer orientaciones generales sobre las metas comúnmente aceptadas de gestión de seguridad de información. ISO / IEC 27002:2005 contiene las mejores prácticas de los objetivos de control y controles en las siguientes áreas de gestión de seguridad de la información:

- Dominio 5 – Política de Seguridad
- Dominio 6 - Organización de la Seguridad
- Dominio 7 - Gestión de Activos
- Dominio 8 - Seguridad de los Recursos Humanos
- Dominio 9 - Seguridad Física
- Dominio 10 - Gestión de Comunicaciones y Operaciones
- Dominio 11 - Control del Acceso
- Dominio 12 - Adquisición, desarrollo y mantenimiento de sistemas de información
- Dominio 13 - Gestión de los incidentes de la seguridad de la información
- Dominio 14 - Gestión de la Continuidad del Negocio
- Dominio 15 - Cumplimiento

Los objetivos de control y controles de la norma ISO / IEC 27002:2005 están destinados a ser implementado para satisfacer las necesidades identificadas por la evaluación del riesgo. ISO / IEC 27002:2005 ha sido diseñada como una base común y guía práctica para el desarrollo de estándares de seguridad de la organización y las prácticas eficaces de gestión de la seguridad, y para ayudar a construir la confianza en las actividades interinstitucionales.

1.1.2.4. Gestión de Riesgos

1.1.2.4.1. Riesgo

El riesgo se define como la combinación de la probabilidad de que se produzca un evento y sus consecuencias negativas. Los factores que lo componen son la amenaza y la vulnerabilidad[9].

1.1.2.4.2. Amenaza

Amenaza es un fenómeno, sustancia, actividad humana o condición peligrosa que puede ocasionar la muerte, lesiones u otros impactos a la salud, al igual que daños a la propiedad, la pérdida de medios de sustento y de servicios, trastornos sociales y económicos, o daños ambientales. La amenaza se determina en función de la intensidad y la frecuencia.

1.1.2.4.3. Vulnerabilidad

Vulnerabilidad son las características y las circunstancias de una comunidad, sistema o bien que los hacen susceptibles a los efectos dañinos de una amenaza.

Con los factores mencionados se compone la siguiente fórmula de riesgo.

$$\text{RIESGO} = \text{AMENAZA} * \text{VULNERABILIDAD}$$

[9] (CIIFEN, 2010)Definición de Riesgo

Los factores que componen la vulnerabilidad son la exposición, susceptibilidad y resiliencia, expresando su relación en la siguiente fórmula. (UNISDR, Terminología sobre Reducción de Riesgo de Desastres, 2012)

EXPOSICION *

SUCEPTIBILIDAD

VULNERABILIDAD

=

RESILIENCIA

Exposición es la condición de desventaja debido a la ubicación, posición o localización de un sujeto, objeto o sistema expuesto al riesgo.

Susceptibilidad es el grado de fragilidad interna de un sujeto, objeto o sistema para enfrentar una amenaza y recibir un posible impacto debido a la ocurrencia de un evento adverso.

Resiliencia es la capacidad de un sistema, comunidad o sociedad expuestos a una amenaza para resistir, absorber, adaptarse y recuperarse de sus efectos de manera oportuna y eficaz, lo que incluye la preservación y la restauración de sus estructuras y funciones básicas.

1.1.2.4.4. Controles

El propósito del control de riesgo es analizar el funcionamiento, la efectividad y el cumplimiento de las medidas de protección, para determinar y ajustar sus deficiencias.

Las actividades del proceso, tienen que estar integradas en el plan operativo institucional, donde se define los momentos de las intervenciones y los responsables de ejecución.

Medir el cumplimiento y la efectividad de las medidas de protección requiere que levantemos constantemente registros sobre la ejecución de las actividades, los eventos de ataques y sus respectivos resultados, así como también las mejoras a adoptar para el futuro. Toda esta información debe ser analizada frecuentemente para toma de decisiones y aprobación de controles a implementar. Dependiendo de la gravedad, el incumplimiento y el sobrepasar de las normas y reglas, requieren sanciones institucionales para los funcionarios.

En el proceso continuo de la Gestión de riesgo, las conclusiones que salen como resultado del control de riesgo, nos sirven como fuente de información, cuando se entra otra vez en el proceso de la Análisis de riesgo.

1.1.2.5. Herramientas para comprobar seguridades en base de datos

Existen varias herramientas que hacen pruebas o evalúan la seguridad de las bases de datos, en esta gama de productos existen los licenciados y los no licenciados, también denominados de software libre. Entre las más usadas en el ámbito del software libre se encuentran:

- **SQL Ninja._** Herramienta dedicada a explotar SQL Injection[10] solo en aplicaciones web que usan la base de datos SQL server. Si la herramienta logra infiltrarse puede proporcionar acceso remoto al servidor de Base de datos.
- **SFX.SQLi._** Utiliza XML SQL Injection para extraer información de las bases SQL Server de forma rápida.

- - **SQLMap._** Herramienta desarrollada en Python[11] utiliza SQL Injection automática que explota todas las vulnerabilidades posibles en las bases de datos.

- **SQL Brute._** Es una herramienta de fuerza bruta que explota las vulnerabilidades de blind SQL Injection.

Las herramientas licenciadas no son tan numerosas pero tienen más funcionalidades y el respaldo de los fabricantes, entre las más reconocidas están:

- Tenable Nessus
- NeXpose Entreprise
- Websaint

[10] SQL Injection: Técnica de infiltración en la seguridad de una base de datos.

[11] (PHYTON, 2013)

Tenable Nessus.- Es una herramienta de la compañía Tenable Security de escaneo de vulnerabilidades en varios ámbitos de la seguridad, y varias plataformas. También verifica seguridades en el ambiente de base de datos y es compatible con los manejadores de Oracle, SQL Server, MySQL, DB2, Informix/DRDA, PostgreSQL.

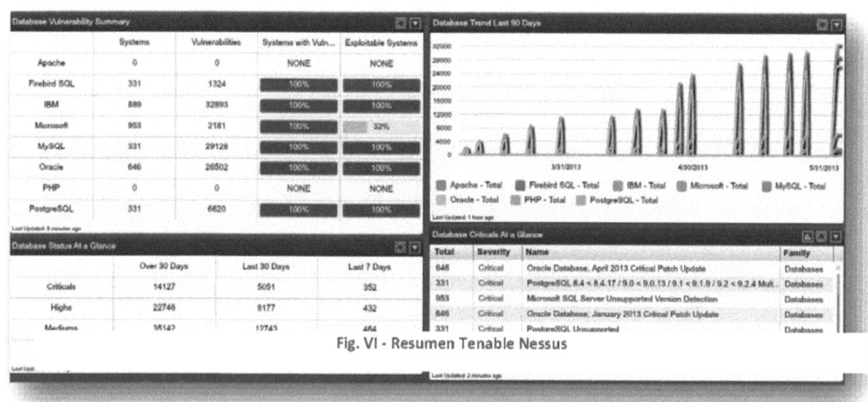

Figura VI Herramienta Nessus

NeXpose Entreprise.- Es una solución inteligente de riesgos de seguridad, está diseñada para organizaciones con redes extensas. Esta herramienta es proactiva soporta todo el ciclo de vida de gestión de vulnerabilidades como por ejemplo; descubrimiento, detección, clasificación de riesgo, verificación, análisis de impacto, reportes y migración.

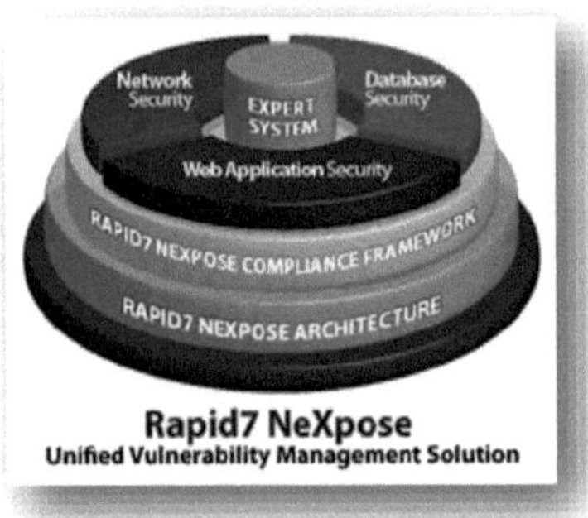

Fig. VII – Nexpose Enterprise

Websaint.- Herramienta de la empresa SAAS. Es una solución en la nube que incluye, escaneo de vulnerabilidades, test de penetración y escaneo web. Lo interesante de esta herramienta es que no requiere instalar algún software localmente, y también es que envía las notificaciones o reportes vía correo electrónico.

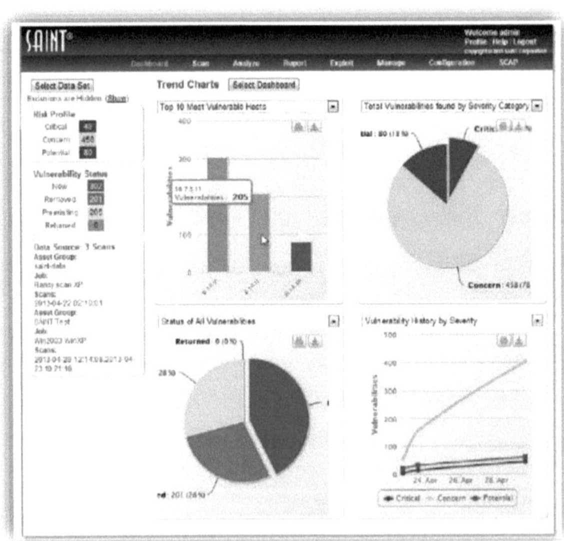

Fig. VIII – Web Saint

1.1.2.6. Seguridad en base de datos Oracle

Durante los últimos diez años, han surgido varias regulaciones que imponen estrictos controles internos y la protección de información personalmente identificable que sus siglas son (PII)[12], esta información personal está en la mayoría de sitios web donde se requiere crear una cuenta o registrarse. Para proteger esta información personal, se han creado normas y regulaciones que fijan un estándar a adoptar. Algunos ejemplos de dichas regulaciones incluyen entre las más importantes:

- Sarbanes-Oxley (SOX).- Monitoriza empresas que cotizan en la bolsa.

- PCI (Data Security Standard).- Conjunto de normas de seguridad.
- HIPAA (Health Insurance Portability and Accountability Act).- Reglas de protección de la información confidencial de la salud de los individuos.
- Basilea II.- Gestión del riesgo operacional.
- Directiva de la UE sobre Privacidad y Comunicaciones Electrónicas en Europa

El continuo surgimiento de nuevas regulaciones en todo el mundo junto con la naturaleza cada vez más sofisticada del robo de información requiere una estricta seguridad de datos. Por estas razones Oracle sigue implementando cada vez controles más estrictos en sus productos de seguridad que se rigen a las regulaciones mencionadas anteriormente.

Los estudios sobre Seguridad y Delitos Informáticos de CSI/FBI[13] 2005 han documentado que más del 70% de los ataques y la pérdida de datos

---

[12] PII: Información Personal Identificable

[13] CSI/FBI Computer Crime and Security Survey con la participación de San Francisco Federal Bureau de Investigaciones. Página oficial www.gocsi.com

de los sistemas de información han sido cometidos por integrantes de la organización, es decir, por aquellas personas por lo menos con autorización en algún nivel de acceso al sistema y sus datos. Las soluciones transparentes de seguridad son críticas en la actual economía global de negocios. Oracle Database tiene entre sus objetivos principales el brindar seguridad en el entorno de base de datos, con soluciones de seguridad que funcionan de manera transparente con las aplicaciones existentes, mientras se cumple con los requerimientos obligatorios de las regulaciones. Desde sus inicios la seguridad de Oracle ha ido evolucionando a través del tiempo y las versiones que se han lanzado, en cada nueva versión o complemento de seguridad se han ido reforzando cada vez más las brechas de seguridad que cada vez son mas complejas de encontrar. A continuación en la figura se describe la evolución de Oracle y sus complementos de seguridad a través de sus versiones.

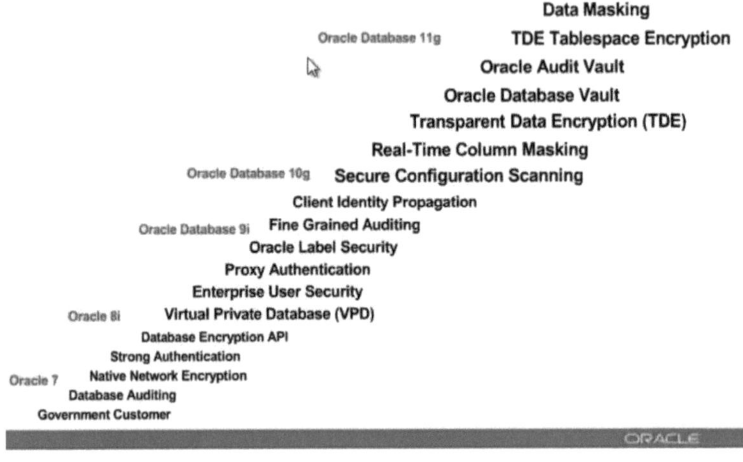

Fig. IX Evolución de la seguridad en BDD Oracle

Con el paso del tiempo, Oracle ha mejorado la seguridad de la base de datos, ya sea con complementos adicionales así como con mejoras a las versiones que van evolucionando. Como se puede apreciar en los años anteriores no existían tantos complementos y herramientas de seguridad, ya que año tras año han crecido los ataques, las formas de infiltración y en si la expansión del internet. Por esta razón surgen nuevos complementos que contrarrestan las nuevas formas de robo de información así como infiltración.

La versión de Oracle 11gl contiene todas las mejoras y uniones de los complementos anteriores que hoy en día la hacen una de las mejores a nivel mundial, así lo muestra Gartner en su estudio anual.

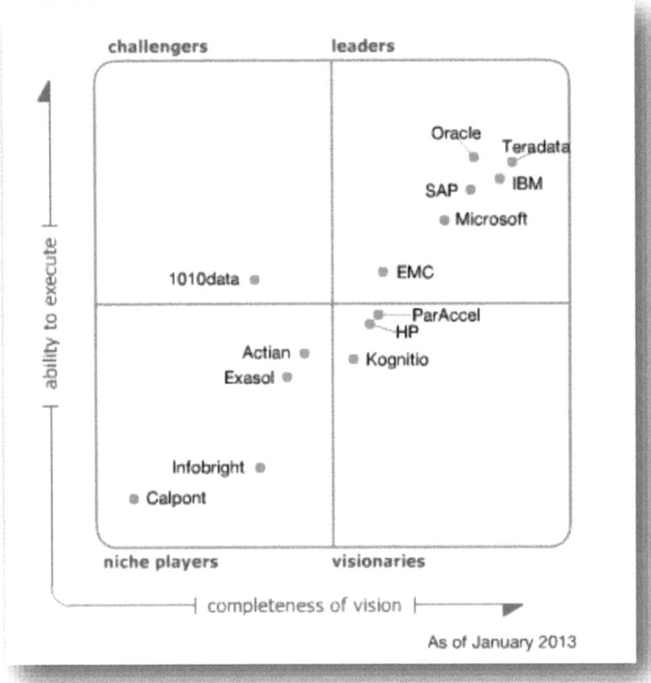

Fig. X – Database Magnament System Magic Cuadrant

Así como también el más reconocido entre los principales vendedores de soluciones de software.

Relational Database Management Systems (RDBMS) Vendors					
Total Software Revenue, Worldwide, 2010-2011 (Millions of U.S. Dollars)					
Vendor	(Ctrl) 2010	2011	Share of 2010	Share of 2011	Growth 2011
Oracle	9,990.5	11,787.0	48.2%	48.8%	18.0%
IBM	4,300.4	4,870.4	20.7%	20.2%	13.3%
Microsoft	3,641.2	4,098.9	17.6%	17.0%	12.6%
SAP/Sybase	744.4	1,101.1	3.6%	4.6%	47.9%
Teradata	754.7	882.3	3.6%	3.7%	16.9%
Other Vendors	1,315.3	1,389.7	6.3%	5.8%	5.7%
Grand Total	20,746.6	24,129.5	100.0%	100.0%	16.3%
Source: Gartner (March 2012)					

Tab. II – Tabla de Gartner manejadores de Base de Datos

Enfoques de Seguridad:

Las características de seguridad son críticas porque históricamente la mayoría de las aplicaciones ha dependido de la seguridad en el nivel de aplicaciones para restringir el acceso a los datos sensibles. Los conceptos de seguridad como privilegio mínimo y necesidad de conocimiento fueron considerados menos importantes que la escalabilidad y la rápida implementación de nuevas aplicaciones. Internet aceleró el desarrollo de nuevas aplicaciones para todos los aspectos del procesamiento de negocios, dando como resultado una mejor accesibilidad, grandes ahorros de costo y aumentos de productividad. No obstante, las regulaciones mundiales ahora requieren controles más estrictos sobre información financiera sensible y relacionada con la privacidad.

La versión de Oracle 11gl contiene muchas mejoras y ha juntado muchos aspectos de seguridad de los cuales se obtiene enfoques principales de seguridad.

La seguridad de la base de datos Oracle tiene varios enfoques los cuales son:

Seguridad en Aplicaciones.- Las aplicaciones es una de las capas más importantes en el ambiente de la tecnología de la información pero desafortunadamente muy ignorada desde la perspectiva de la seguridad. Es decir, sobre todo, a las aplicaciones transaccionales donde realmente se hace el proceso y que residen en el back-end de la infraestructura y no a las que hoy día en el mercado se les pone mayor atención que son las basadas en Web.

Actualmente la referencia que se tiene con respecto a la seguridad en aplicaciones es el control de acceso y éste en definitiva es un punto importantísimo pero no suficiente. Oracle ha simplificado algunos aspectos de seguridad vinculado a aplicaciones, después de años de investigación con el complemento de seguridad Oracle Database Security[14].

Seguridad en Base de Datos.- Con respecto a la seguridad dirigida a base de datos, Oracle ofrece potente actividad de base de datos con control y bloqueo, control de acceso con múltiples factores y privilegios de usuario, clasificación de datos, encriptación de datos transparente, auditoría e informes consolidados, administración de configuración segura y enmascaramiento de datos, para que los clientes puedan implementar soluciones de seguridad de datos fiables sin necesidad de modificar sus aplicaciones, ahorrando tiempo y dinero. Oracle ha realizado esfuerzos para garantizar la seguridad en su base de datos, para lo cual ha desarrollado

[14] (Oracle, 2013)

complementos de seguridad como: Data Masking[15], Database Vault[16], Oracle Advance security.

1.1.2.7. Amenazas de seguridad en base de datos

El 96% de los datos sustraídos durante 2012 provenían de bases de datos, según un informe de Verizon (Data Breach)[17]. Además, durante el año pasado, 242 millones de registros resultaron potencialmente comprometidos, indica la Open Security Foundation. Se trata de dos preocupantes datos que la compañía Imperva, especializada en seguridad, recuerda en un informe que ha elaborado sobre las diez principales amenazas que existen contra las bases de datos y en el que se pone de manifiesto que éstas son el objetivo prioritario para hackers e insiders maliciosos.

Los ataques se dan debido a que las bases de datos representan el corazón de cualquier organización, ya que almacenan registros de clientes y otros datos confidenciales del negocio. Todos estos análisis hechos por diferentes compañías dedicadas a seguridades indican que la vulnerabilidad de las bases de datos mejoraría si no hubiera la actual falta de inversión en soluciones de seguridad adecuadas para protegerlas. Y es que, como señala IDC, menos del 5% de los 27.000 millones de dólares invertidos en 2011 en productos de seguridad se destinaron a la salvaguarda de los centros de datos.

Entre las más reconocidas empresas especializadas en seguridad a nivel mundial según el Instituto SANS se encuentran:

---

[15] (Oracle, 2013)
[16] (Oracle, 2013)

- Imperva
- Guardium
- Sentrigo
- Tizor
- Secerno

Imperva[18] cuenta con más de 2200 clientes a nivel mundial, en más de 60 países y cientos de organizaciones. La compañía tiene presencia en la mayoría de empresas líderes a nivel mundial de la siguiente forma:

- 8 de las Top 10 global de empresas de Telecomunicaciones del mundo
- 5 de los Top 10 mejores bancos de Estados Unidos
- 3 de los Top 5 global de las Empresas de servicios financieros para el consumidor.
- 4 del Top 5 global de las compañías de Hardware
- Más de 200 agencias gubernamentales en todo el mundo

Según la fuente Imperva, estas son las diez principales amenazas en seguridad para base de datos:

- **Privilegios excesivos e inutilizados**. Cuando a alguien se le otorgan privilegios de base de datos que exceden los requerimientos de su puesto de trabajo se crea un riesgo innecesario. Los mecanismos de control de privilegios de los roles de trabajo han de ser bien definidos o mantenidos.

- **Abuso de Privilegios**. Los usuarios pueden llegar a abusar de los privilegios legítimos de bases de datos para fines no autorizados, por

[18] (Imperva, 2013)www.imperva.com

ejemplo, sustraer información confidencial. Una vez que los registros de información alcanzan una máquina cliente, los datos se exponen a diversos escenarios de violación.

- **Inyección por SQL**. Un ataque de este tipo puede dar acceso a alguien y sin ningún tipo de restricción a una base de datos completa e incluso copiar o modificar la información.

- **Malware y spearphising**. Se trata de una técnica combinada que usan los cibercriminales, hackers patrocinados por estados o espías para penetrar en las organizaciones y robar sus datos confidenciales.

- **Auditorías débiles**. No recopilar registros de auditoría detallados puede llegar a representar un riesgo muy serio para la organización en muchos niveles.

- **Exposición de los medios de almacenamiento para backup**. Éstos están a menudo desprotegidos, por lo que numerosas violaciones de seguridad han conllevado el robo de discos y de cintas. Además, el no auditar y monitorizar las actividades de acceso de bajo nivel por parte de los administradores sobre la información confidencial puede poner en riesgo los datos.

- **Explotación de vulnerabilidades y bases de datos mal configuradas**. Los atacantes saben cómo explotar estas vulnerabilidades para lanzar ataques contra las empresas.

- **Datos sensibles mal gestionados.** Los datos sensibles en las bases de datos estarán expuestos a amenazas si no se aplican los controles y permisos necesarios.

- **Denegación de servicio (DoS).** En este tipo de ataque se le niega el acceso a las aplicaciones de red o datos a los usuarios previstos. Las motivaciones suelen ser fraudes de extorsión en el que un atacante remoto repetidamente atacará los servidores hasta que la víctima cumpla con sus exigencias.

- **Limitado conocimiento y experiencia en seguridad y educación.** Muchas firmas están mal equipadas para lidiar con una brecha de seguridad por la falta de conocimientos técnicos para poner en práctica controles de seguridad, políticas y capacitación.

1.1.3. Herramientas para comprobar seguridad en Base de Datos Oracle

En la actualidad existen varias herramientas de comprobación de seguridades en las bases de datos, muchas de estas utilizan el principio de SQL inyection, otras en cambio tratan de buscar alguna puerta abierta. Las herramientas existentes pueden ser de pago o gratis, las más completas son las de pago pero existen buenas alternativas de software libre, entre las cuales se tomaron varias importantes, a continuación se listan las herramientas que pueden ser aplicadas para evaluar las seguridades de una base de datos Oracle.

- **Scuba.** Ligera herramienta de la reconocida empresa Imperva, analiza vulnerabilidades en el entorno de base de datos de diferentes plataformas, entre las cuales están: SQL, Oracle, Mysql, entre otras. Esta herramienta es gratuita, aunque la empresa también ofrece otras alternativas más complejas que son licenciadas.
- **Inguma.** Herramienta de ambiente Linux para escaneo de puertos y vulnerabilidades orientado a Oracle. Esta herramienta es gratis y de desarrollo colectivo.

1.1.4. Seguridad en Oracle

Oracle tiene tecnología avanzada en base de datos para proteger la información almacenada, proporciona algunas soluciones de seguridad para garantizar la privacidad de la información, protegerse contra las amenazas internas y facilitar el cumplimiento normativo.

Entre estas soluciones las más importantes están:

- DatabaseVault y Firewall de Oracle
- Oracle Advanced Security (Encriptación)
- Oracle Label Security
- Oracle Data Masking (Enmascaramiento de datos)

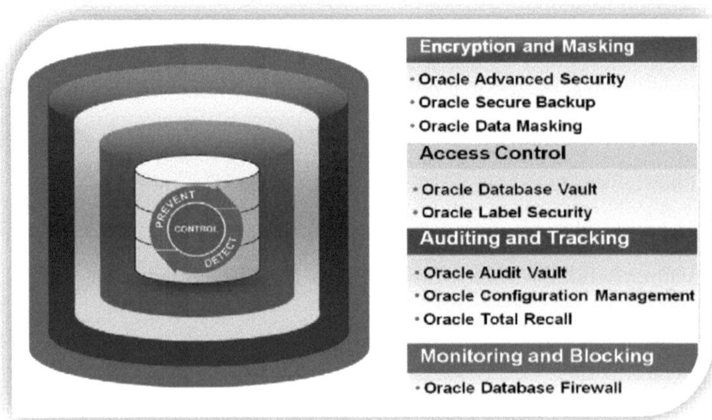

Fig. XI – Seguridad Oracle

Al momento no se dispone de una guía o manual que contenga diferentes niveles de seguridad con configuraciones que nos permitan estandarizar y garantizar un nivel de seguridad para las organizaciones.

1.1.4.1. Database Vault y Firewall de Oracle

El firewall de Oracle provee la primera línea de defensa para la base de datos, previene accesos ilegales, detiene SQL Injection, adicionalmente hace cumplir las políticas de seguridad con precisión.

Esta primera línea de defensa es independiente de la configuración de base de datos y operación, es un blindaje independiente que ayuda a reducir el riesgo de pérdida de datos e infiltraciones y ayuda a las empresas a manejar cualquier cambio en el ambiente de regulación. También brinda un monitoreo en tiempo real con whitelist[19], blacklist[20], y exeptionlist[21].

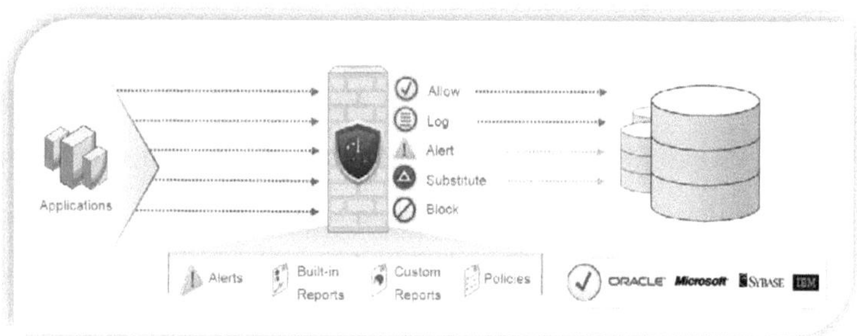

Fig. XII – Database/Firewall

Oracle Database Vault permite controlar quién, cuándo, y dónde acceder a los datos y aplicaciones, protegiendo sus empresas frente a las preocupaciones más comunes de seguridad: amenazas que provienen de malas intenciones, negligencia, o simples descuidos. Al imponer la separación de tareas, incluso entre los administradores. Fue el primer producto de su clase en salir, Oracle Database Vault presenta una gran cantidad de nuevas y avanzadas características de seguridad para restringir el acceso a la base de datos, incluso por parte de usuarios con roles o privilegios importantes. Estas características pueden utilizarse de manera flexible y adaptable para cumplir con los requerimientos de autorización, sin que se requieran cambios en las aplicaciones existentes.

---

19 (Testing Security, 2012)Whitelist: Denominada Lista Blanca es una lista o registro de entidades que, por una razón u otra, pueden obtener algún privilegio particular, servicio, movilidad, acceso o reconocimiento.

20 (Testing Security, 2012)Blacklist: Denominada Lista Negra, al contrario de la lista blanca es la compilación que identifica a quienes serán denegados, no reconocidos u obstaculizados.

21 (Testing Security, 2012)Exceptionlist: Denominada Lista de Excepciones, es una lista especial complementaria, la cual añade ciertas excepciones a las listas ya definidas.

Oracle Database Vault mejora la capacidad para satisfacer los requerimientos de cumplimiento, como los de Sarbanes-Oxley y otras regulaciones que rigen el control de acceso y entrega de información sensible; controla el acceso a la información de la base de datos y las aplicaciones, incluso por usuarios con los más altos privilegios; impone la autorización de múltiples factores por medio de reglas comerciales flexibles; muestra quién tiene acceso, cuándo y a qué tipo de información utilizando informes listos para usar. A continuación se detallan las regulaciones que cumple este complemento:

Tab. III - Oracle Database Vault (DBV) y Regulaciones

Oracle Database Vault (DBV) y Regulaciones		
Regulación	**Requisito**	**¿DBV mitiga este riesgo?**
Sarbanes-Oxley Artículo 302	Cambios no autorizados en los Datos	Sí
Sarbanes-Oxley Artículo 404	Modificación a datos, acceso no autorizado	Sí
Sarbanes-Oxley Artículo 409	Negación de servicio, acceso no autorizado	Sí
Gramm-Leach-Bliley	Acceso no autorizado, modificación y/o revelación	Sí
HIPAA 164.306	Acceso no autorizado a los datos	Sí

CONTÍNUA........

HIPAA 164.312	Acceso no autorizado a los datos	Sí
Basilea II – Administración de Riesgos Internos	Acceso no autorizado a los datos	Sí
CFR Sección 11	Acceso no autorizado a los datos	Sí
Ley de Privacidad de Japón	Acceso no autorizado a los datos	Sí
PCI – Requisito 7	Restringir el acceso a datos de titulares de tarjeta por necesidad de conocimiento de la empresa	Sí
PCI – Requisito 8.5.6	Activar cuentas utilizadas por proveedores para el mantenimiento remoto solo durante el tiempo necesario	Sí

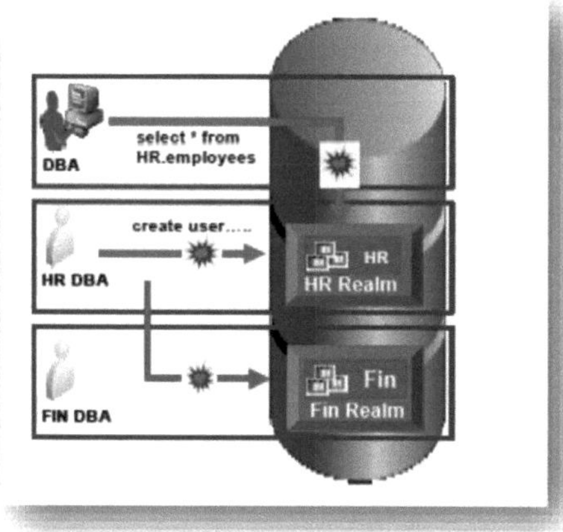

Fig. XIII Database Vault lògica interna

Como complemento, ***DatabaseVault*** al concentrar las alertas de seguridad como de infraestructura se gestiona de mejor manera los incidentes de seguridad y a la vez los que puedan afectar al correcto funcionamiento del sistema.

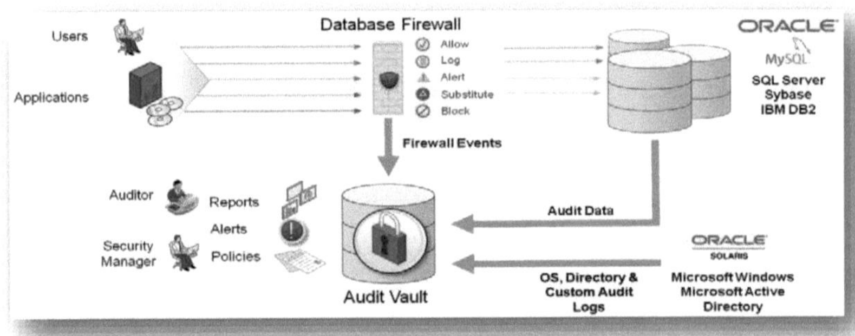

Fig. XIV – Esquema de Seguridad Firewall & Audit Vault

1.1.4.2. Oracle Advanced Security

Oracle Advanced Security es un complemento de seguridad que ayuda con la privacidad de direcciones, para esto utiliza un sub-complemento llamado Transparent Data Encryption, el cual encripta datos sensibles y confidenciales.

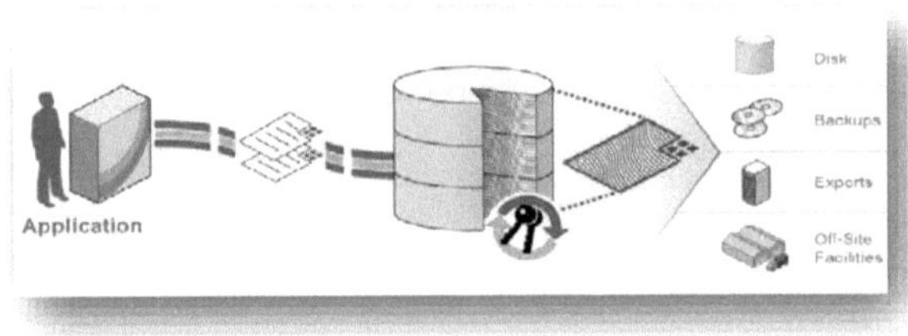

Fig. XV – Advance Security

1.1.4.3. Oracle Label Security

Oracle Label Security permite consolidar información de diferente clasificación en una misma base de datos. Oracle Label Security utiliza conceptos de etiquetas utilizados por organizaciones gubernamentales, de defensa y comerciales para proteger información sensible y ofrecer separación de los datos e incluye una avanzada herramienta para administrar políticas, etiquetas (Highly Sensitive, Sensitive, Confidential) y autorizaciones de etiquetas de usuarios.

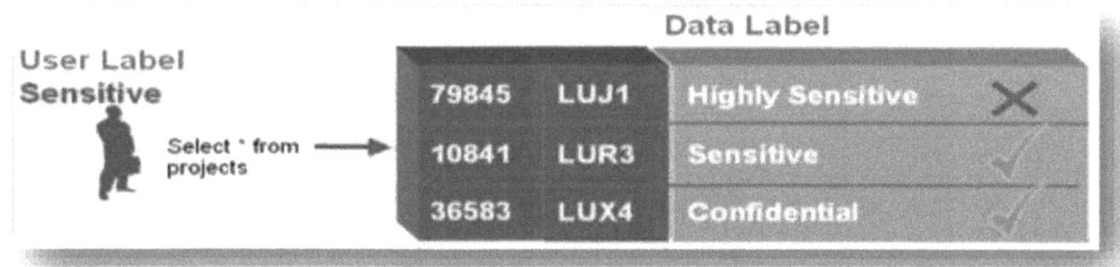

Fig. XVI – Oracle Label Security

1.1.4.4. Oracle Data Masking

Oracle Enterprise Manager Data Masking Pack permite compartir los datos de producción con las entidades internas y externas al tiempo que se evita que ciertas partes sensibles o confidenciales de la información sean reveladas a entidades no autorizadas. Data Masking Pack puede ayudar a las organizaciones a cumplir con las leyes de privacidad y confidencialidad al enmascarar los datos sensibles o confidenciales en los entornos de desarrollo, prueba o staging, entre las principales normas están s Sarbanes-Oxley, PCI DSS, HIPAA. Del mismo modo, utiliza un proceso irreversible para reemplazar los datos sensibles con datos que parecen reales pero que están cancelados sobre la base de reglas de enmascaramiento, y garantiza que los datos originales no puedan ser recuperados ni restaurados. Otra ventaja es la ayuda que brinda para mantenerla integridad de la aplicación mientras enmascara los datos.

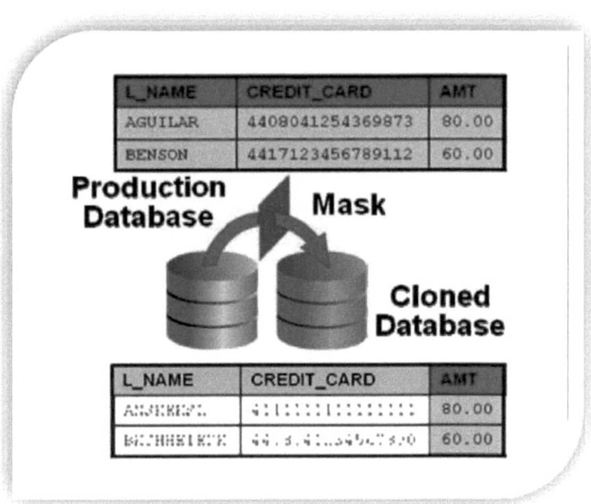

Fig. XVII – Oracle Data Masking

Oracle Database Security brinda soluciones transparentes para la seguridad de aplicaciones en las áreas críticas de administración de usuarios, control de acceso, protección de datos y monitoreo.

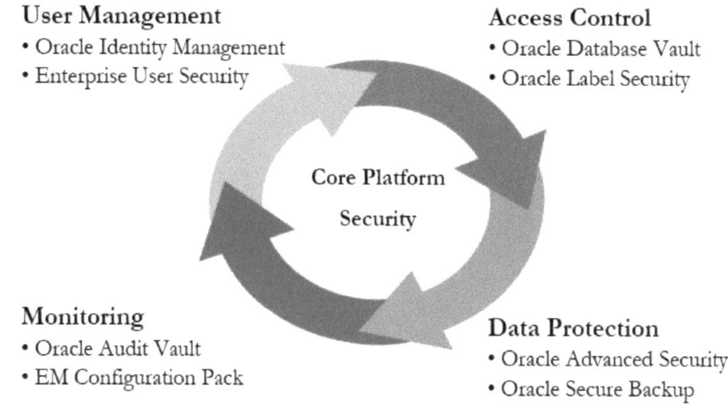

Fig. XVIII – Ciclo de seguridad y protección de Database Security

Como se puede observar en la figura Oracle database security contempla un ciclo de seguridad en el cual están los principales complementos de seguridad antes mencionados y las áreas de enfoque en el ámbito de la seguridad.

Los complementos mencionados anteriormente son los más relevantes en el ámbito de la seguridad que tiene Oracle para la versión 11g.

Capitulo II

Este libro muestra configuraciones básicas y avanzadas para poder tener un mínimo de seguridad basado en estándares internacionales y en la experiencia de varios administradores.

Si a la fecha Internet ha venido acelerando el desarrollo de nuevas aplicaciones para todos los aspectos del procesamiento de negocios, también las bases de datos tienen que desarrollar nuevas formas de proteger la información sensible, las regulaciones ahora requieren controles mucho más estrictos para la información delicada, tanto financiera como relacionada con la privacidad. Se requieren soluciones de seguridad transparentes para implementar los controles más estrictos porque la mayoría de las aplicaciones se basan en la seguridad a nivel de aplicación para restringir el acceso a datos delicados.

Los conceptos de seguridad en un sistema antes no tenían la priorización necesaria, estaban incluso por debajo de la escalabilidad y disponibilidad. Actualmente la seguridad va a la par de estas y otras características. Los productos de Oracle en seguridad de datos complementan la seguridad a nivel de aplicación permitiendo a las organizaciones minimizar los costos asociados con el cumplimiento de las regulaciones y la implementación de los estrictos controles internos.

2. Evaluación de Resultados y discusión

2.1 Definir la configuración de seguridad de la base de datos

Existen numerosos criterios de diferentes administradores de base de datos Oracle de las configuraciones básicas que se debe aplicar a la base de datos de una organización para hacerla segura, estos criterios pueden basarse en algún estándar o simplemente por buenas practicas. El presente proyecto recopila y analiza varias de estas configuraciones y le asigna un nivel de seguridad, es decir una priorización dependiendo del grado de seguridad que se quiera obtener, que recursos se tengan o dispongan para poder implementar estos controles y que tipo de información se almacene.

El resultado de este análisis es un checklist o también conocido como lista de verificación, esta lista se genera a partir de parámetros de seguridad que pueden ser ajustados para mejorar el entorno de seguridad de la base de datos, también se basa en estándares, normas y buenas prácticas en el ámbito general de la seguridad y explota las bondades y ventajas que tiene la base de datos Oracle para generar registros de auditoria que pueden ser revisados para dar un valor agregado y complementario a la seguridad. De acuerdo a estas características, el análisis para escoger la norma relacionada a la configuración de seguridad y a una clasificación de acuerdo a la rama de la seguridad se obtiene el siguiente Checklist:

Los niveles de seguridad definidos para la lista de verificación del proyecto, son los siguientes:

- Bajo (1)
- Medio (2)
- Alto (3)

Estos niveles son determinados de acuerdo al siguiente criterio:

Nivel 1 (Bajo).- El nivel bajo es considerado el nivel más básico de configuraciones de seguridad que deben estar implementadas en un ambiente de base de datos Oracle. Muchas de estas configuraciones básicas vienen activadas por defecto y dependiendo del enfoque de la organización se refuerzan o desactivan.

Nivel 2 (Medio).- El nivel medio es un ajuste personalizado a parámetros de seguridad específicos en la base de datos con el que se refuerza la seguridad de la misma y convierte a la base de datos en un elemento seguro.

Nivel 3 (Alto).- El nivel alto como su nombre lo indica es un nivel superior de seguridad, en el que no solo se refuerzan las características de seguridad sino que se monitorea las actividades en la base de datos para poder encontrar cualquier anomalía, acceso no autorizado e intrusión en la base de datos. Este nivel al ser el más complejo y abarcar a los otros dos es a menudo usado por entidades financieras, gubernamentales, y cualquier otra que quiera invertir en la seguridad de su información.

2.2 Secciones o clasificaciones de Seguridad

El instituto SANS es uno de las entidades mas reconocidas en el ámbito de la seguridad, se mantiene siempre a la vanguardia y tiene entre sus conocimientos la incorporación de seguridad en la base de datos como tal.

Tomando como referencia al reconocido instituto SANS[22] se ha adoptado las siguientes áreas o secciones críticas a las que se hará referencia en este proyecto. Las he denominado secciones ya que contienen características similares asociadas a un área en particular que va ligado a la seguridad.

- Planeación y evaluación de riesgos
- Sistema operativo y aspectos de seguridad
- Autenticación
- Controles de Acceso
- Red
- Disponibilidad, Backup y Recovery

- ***Planeación y evaluación de riegos***

Esta sección abarca todo lo que se pueda prevenir para mejorar la seguridad de la base de datos o su entorno, como por ejemplo la gestión de los parches, versiones, backups automatizados sea de la base o la configuración de la misma.

- ***Sistema operativo y aspectos de seguridad***

Esta sección incluye características importantes de seguridad que se puede añadir en el sistema operativo, tales como permisos en directorios clave, usuarios por defecto, y roles.

- ***Autenticación***

Como su nombre lo indica esta sección contiene características de seguridad relacionadas con todos quienes se hayan autenticado en la base de datos, también incluye revisiones sobre logs de aplicaciones.

---

[22] SANS (SysAdmin Audit, Networking and Security Institute) http://www.sans.org/score/incidentforms/

- ***Control de acceso***

Esta sección es la que más parámetros de seguridad contiene ya que los controles o precauciones que se pueden tener en esta rama de la seguridad son extensos. En forma resumida esta sección contiene temas de permisos, roles, revisión de objetos que puedan contener accesos no autorizados etc.

- ***Red***

En la sección de Red están características de seguridad que se pueden mejorar para reforzar las defensas contra intrusiones y programas que buscan puertos o entradas a la base de datos.

- ***Disponibilidad Backup y recovery***

Esta sección abarca características de seguridad relacionadas con la disponibilidad y el salvaguardo de la información de backup que es igual de importante como la información en producción, ya que sin esta en medio de algún contingente no se puede volver a levantar la base de datos.

2.2.1 Estructura del Checklist (lista de verficación)

La estructura principal del checklist es la siguiente:

Descripción	**Nivel de seguridad**	**O/S**	**Observación/Configuración**
Sección 1			

Características de Seguridad	1,2,3
…………	
…………	
Sección 2	
Características de Seguridad	1,2,3
…………	
…………	

Descripción.- Se refiere al parámetro de seguridad que puede ser ajustado o a la característica de seguridad que se puede usar o explotar.

Nivel de Seguridad.- Se refiere a los niveles de seguridad fijados para la clasificación por niveles de los parámetros. Estos niveles se refieren a:

- Bajo (1)
- Medio (2)
- Alto (3)

O/S (Sistema Operativo).- Esta columna muestra en que sistema operativo puede ser aplicada esa característica de seguridad.

Existen varios sistemas operativos en el mundo, pero la compatibilidad o en cuál de ellos se puede aplicar estas revisiones de seguridad depende de la compatibilidad de la base de datos Oracle como tal. Oracle abarca la mayoría de sistemas operativos entre los cuales los más conocidos son:

- Windows
- Linux
- Oracle Linux
- Unix

En su mayor parte los comandos que recomienda esta lista de seguridad pueden ser aplicados de igual forma en cualquier sistema operativo, excepto los que son comandos del sistema operativo como tal. En el listado especifica estos casos especiales apuntando a que sistema operativo de la lista está dirigido.

Configuración.- Se refiere a la sugerencia de comando que se puede aplicar para la característica de seguridad a la que hace referencia, este es un campo adicional en el checklist que puede sugerir algún comando a aplicar así como una referencia de donde revisar y poder ajustar el parámetro de seguridad.

2.2.2 Niveles de seguridad y su aplicación en el mercado

Anteriormente ya fueron definidos los niveles de seguridad y las métricas de los mismos. Ahora falta saber cómo se pueden aplicar o como decidir qué nivel de seguridad aplicar en la organización. A continuación se describe cada nivel de seguridad y que garantías o que ventajas se obtiene estando en cada uno de estos.

- **Nivel Bajo**

El nivel bajo es considerado como el más esencial, es decir la mayoría de estas configuraciones vienen por defecto en una instalación de base de datos, claro que es importante revisar que estas características tengan el valor correcto. Las características de seguridad en este nivel son:

Tab. IV – Tabla características del nivel bajo

Descripción	Nivel de seguridad	O/S	Observación/Configuración
PLANEACIÓN Y EVALUACIÓN DE RIESGOS			
Configurar Backups periódicos de la base de datos	1	Todos	
Sistema operativo y aspectos de seguridad			
Bloquear la cuenta por defecto del software de Oracle	1	Todos	SQL> alter user oracle account block;
Revisar permisos de los Data files	1	Linux, Unix	$ ls –l
Asegurarse que ningún usuario tenga privilegios de ALTER SESSION y ALTER SYSTEM	1	Todos	SQL> select * from dba_sys_privs where privilege =`ALTER SESSION';
			SQL> revoke alter session to <user>;

CONTROLES DE ACCESO			
Revisar que el parámetro os_authent_prefix este en NULL	1	Todos	SQL> alter system set os_authent_prefix='' scope=spfile sid='*';
Revisar el parámetro O7_dictionary_accessibility este desactivado	1	Todos	SQL> show parameter O7_dictionary_accessibility;
Revisar que el parámetro *remote_listener* este en NULL	1	Todos	SQL> alter system set remote_listener='';
Revisar que no exista usuarios o roles con todos los privilegios asignados	1	Todos	
Revisar usuarios con el privilegio *BECOME_USER*	1	Todos	
Revocar el privilegio *public execute* en el archivo *utl_file*	1	Todos	SQL> revoke execute on utl_file from public;
Revocar el privilegio *public execute* en el archivo *utl_tcp*	1	Todos	SQL> revoke execute on utl_tcp from public;
Revocar el privilegio *public execute* en el archivo *utl_http*	1	Todos	SQL> revoke execute on utl_http from public;
DISPONIBILIDAD BACKUP Y RECOVERY			
Revisar los backups regularmente	1	Todos	

La seguridad que ofrece este nivel es la primera capa que regula lo que son permisos sobre las carpetas de la base de datos y los roles principales, así como protección básica en la red local.

Este nivel lo tienen la mayoría de organizaciones que usan Oracle en la versión 11g, aunque el nivel de protección no es el adecuado si hablamos de entidades financieras o que posean información personal de terceras personas.

- **Nivel Medio**

Los administradores de base de datos que se empiezan a preocupar por la seguridad, están empezando o completando este nivel de seguridad. Ya que en este nivel si se requiere más análisis y personalización de parámetros de acuerdo al core del negocio y al giro del negocio. Las configuraciones definidas en este nivel son:

Tab. V – Tabla de caracteristicas del nivel medio

Descripción	Nivel de seguridad	O/S	Observación/Configuración
PLANEACIÓN Y EVALUACIÓN DE RIESGOS			

CONTÍNUA........

Revisar las versiones y gestionar los parches de Oracle	2	Todos	SQL> select * from v$version;
Revisar Políticas y procedimientos de la Base de datos	2	Todos	
Sistema operativo y aspectos de seguridad			
Revisar los permisos del propietario de la carpeta $ORACLE_HOME/bin	2	Linux, Unix	$ ls –l
Revisar permisos del archivo de trace	2	Linux, Unix	$ ls –l
Guardar los logs en un servidor distinto	2	Todos	
AUTENTICACIÒN			
CONTROLES DE ACCESO			
Asegurar la vista ALL_USERS	2	Todos	SQL> select * from all_tab_privs_made;
Crear un rol para gestionar las cuentas de usuario	2	Todos	
Revisar que el parámetro log_archive_start este activado	2	Todos	SQL> alter system archive log start;

Revisar usuarios que tengan el privilegio de *dba*	2	Todos	SQL> select * from DBA_ROLES;
Revisar los accesos directos otorgados a objetos o tablas	2	Todos	
Setear el tiempo de vida de las contraseñas a 60 días	2	Todos	SQL> create profile all_users limit PASSWORD_LIFE_TIME 60;
Setear el intento de login a 5	2	Todos	SQL> alter profile all_users set failed_login_attempts = 5;
Auditar los triggers de los usuarios	2	Todos	
RED			
No usar los puertos del listener por defecto 1521 1526	2	Todos	Modificar el listener.ora
No usar nombres de servicio conocidos Ej; ORCL	2	Todos	
DISPONIBILIDAD BACKUP Y RECOVERY			

CONTÍNUA........

Asegurarse que la base este en modo *ARCHIVE LOG*	2	Todos	SQL>alter database ARCHIVELOG;

Las empresas que deberían aplicar este nivel de seguridad son todas aquellas que piensen que su información es valiosa como por ejemplo: Hospitales, constructoras, medios, etc.

Pese a que es ya una segunda capa más compleja de seguridad aun no es suficiente para entidades reguladas a las cuales se les exige un alto grado de seguridad. En el Ecuador la superintendencia de bancos exige a las entidades bancarias tener un alto grado de seguridad en su información.

- **Nivel Alto**

De acuerdo al análisis que se ha realizado en este proyecto, quien logre ponerse en este nivel de seguridad cuenta con tres capas de seguridad bastante confiables y que resguardan la información que contiene la base de datos.

Este nivel si requiere un poco más de recursos para implementarlo y monitorearlo, ya sean recursos de horas hombre como de inversión en complementos de seguridad y auditoria. Las características de seguridad en este nivel son:

Tab. VI – Tabla de caracteristicas del nivel alto

PLANEACIÓN Y EVALUACIÓN DE RIESGOS			
Guardar el archivo SPFILE y CONTROLFILE en un lugar seguro y respaldar una copia de los mismos	3	Todos	RMAN> CONFIGURE CONTROLFILE AUTOBACKUP ON;
Sistema operativo y aspectos de seguridad			
Auditar scripts que contengan usuarios y contraseñas	3	Todos	
Auditar los archivos de configuración de los clientes que contengan usuarios y contraseñas	3	Todos	
AUTENTICACIÓN			
Auditar actividades de usuarios	3	Todos	
Auditar logins de la base de datos de aplicación.	3	Todos	SQL> ALTER SYSTEM SET audit_trail = "DB" SCOPE=SPFILE;
Auditar las contraseñas de los usuarios de la base de datos	3	Todos	

CONTROLES DE ACCESO			
Asegurar la vista ALL_USERS	2	Todos	SQL> select * from all_tab_privs_made;
Asegurar acceso al catálogo de roles	3	Todos	Permisos en la vista role_role_privs
Asegurar acceso a las vistas del rol dba	3	Todos	
Revisar el parámetro *remote_os_authent* este desactivado	3	Todos	SQL> show parameter remote_os_authent;
Revocar todos los permisos no necesarios del rol *PUBLIC*	3	Todos	SQL> revoke create view from PUBLIC;
Setear el tiempo de vida de las contraseñas a 60 días	2	Todos	SQL> create profile all_users limit PASSWORD_LIFE_TIME 60;
Setear el re-uso de contraseña a máximo 2	3	Todos	SQL> alter profile all_users Set PASSWORD_REUSE_TIME= 2;
RED			
Auditar el archivo *listener.ora*	3	Todos	

Forzar al despachador MTS a usar puertos específicos	3	Todos	
Usar Oracle advance security para encryptar transmisión de datos	3	Todos	
Deshabilitar puertos de Oracle que no sean necesarios	3	Todos	
DISPONIBILIDAD BACKUP Y RECOVERY			
Guardar los backups en discos diferentes al de la data y si es posible en cinta	3	Todos	

Los criterios a considerar junto con la inversión que tomaría implementar este nivel van ligados al grado de confidencialidad y privacidad de la información de la base de datos. Este nivel es el adecuado para entidades financieras, del gobierno, y que manejen información personal de individuos, la cual es protegida por las leyes y las autoridades de control, y cabe destacar que garantiza su funcionalidad solamente si ya fueron aplicados los dos anteriores niveles.

2.2.3 Evaluación de resultados del checklist y discusión

Tab. VII Check list seguridades en Oracle

Descripción	Nivel de seguridad		O/S	Observación/Configuración
PLANEACIÓN Y EVALUACIÓN DE RIESGOS				
Revisar las versiones y gestionar los parches de Oracle	2		Todos	SQL> select * from v$version;
Configurar Backups periódicos de la base de datos	1		Todos	
Guardar el archivo SPFILE y CONTROLFILE en un lugar seguro y respaldar una copia de los mismos	3		Todos	RMAN> CONFIGURE CONTROLFILE AUTOBACKUP ON;
Revisar Políticas y procedimientos de la Base de datos	2		Todos	
Sistema operativo y aspectos de seguridad				
Revisar los permisos del propietario de la carpeta $ORACLE_HOME/bin	2		Linux, Unix	$ ls –l
Bloquear la cuenta por defecto del software de Oracle	1		Todos	SQL> alter user oracle account block;

Revisar permisos del archivo de trace	2		Linux, Unix	$ ls –l
Revisar permisos de los Data files	1		Linux, Unix	$ ls –l
Auditar scripts que contengan usuarios y contraseñas	3		Todos	
Auditar los archivos de configuración de los clientes que contengan usuarios y contraseñas	3		Todos	
Guardar los logs en un servidor distinto	2		Todos	
Asegurarse que ningún usuario tenga privilegios de ALTER SESSION y ALTER SYSTEM	1		Todos	SQL> select * from dba_sys_privs where privilege =`ALTER SESSION'; SQL> revoke alter session to <user>;
AUTENTICACIÒN				
Auditar actividades de usuarios	3		Todos	
CONTÍNUA........				

Auditar logins de la base de datos de aplicación.	3		Todos	SQL> ALTER SYSTEM SET audit_trail = "DB" SCOPE=SPFILE;
Auditar las contraseñas de los usuarios de la base de datos	3		Todos	
CONTROLES DE ACCESO				
Asegurar la vista ALL_USERS	2		Todos	SQL> select * from all_tab_privs_made;
Asegurar acceso al catálogo de roles	3		Todos	Permisos en la vista role_role_privs
Asegurar acceso a las vistas del rol dba	3		Todos	
Crear un rol para gestionar las cuentas de usuario	2		Todos	
Revisar que el parámetro log_archive_start este activado	2		Todos	SQL> alter system archive log start;
Revisar que el parámetro os_authent_prefix este en NULL	1		Todos	SQL> alter system set os_authent_prefix=" scope=spfile sid='*';
Revisar el parámetro O7_dictionary_accessibility este desactivado	1		Todos	SQL> show parameter O7_dictionary_accessibility;
Revisar el parámetro *remote_os_authent* este desactivado	3		Todos	SQL> show parameter remote_os_authent;

Revisar que el parámetro *remote_listener* este en NULL	1		Todos	SQL> alter system set remote_listener='';
Revisar usuarios que tengan el privilegio de *dba*	2		Todos	SQL> select * from DBA_ROLES;
Revisar que no exista usuarios o roles con todos los privilegios asignados	1		Todos	
Revisar los accesos directos otorgados a objetos o tablas	2		Todos	
Revisar usuarios con el privilegio *BECOME_USER*	1		Todos	
Revocar el privilegio *public execute* en el archivo *utl_file*	1		Todos	SQL> revoke execute on utl_file from public;
Revocar el privilegio *public execute* en el archivo *utl_tcp*	1		Todos	SQL> revoke execute on utl_tcp from public;
Revocar el privilegio *public execute* en el archivo *utl_http*	1		Todos	SQL> revoke execute on utl_http from public;
Revocar todos los permisos no necesarios del rol *PUBLIC*	3		Todos	SQL> revoke create view from PUBLIC;
Setear el tiempo de vida de las contraseñas a 60 días	2		Todos	SQL> create profile all_users limit PASSWORD_LIFE_TIME 60;
Setear el intento de login a 5 CONTÍNUA........	2		Todos	SQL> alter profile all_users set

				failed_login_attempts = 5;
Setear el re-uso de contraseña a máximo 2	3		Todos	SQL> alter profile all_users set PASSWORD_REUSE_TIME= 2;
Auditar los triggers de los usuarios	2		Todos	
RED				
Auditar el archivo *listener.ora*	3		Todos	
Forzar al despachador MTS a usar puertos específicos CONTINUA....	3		Todos	
No usar los puertos del listener por defecto 1521 1526	2		Todos	Modificar el listener.ora
No usar nombres de servicio conocidos Ej; ORCL	2		Todos	
Usar Oracle advance security para encryptar transmisión de datos	3		Todos	
Deshabilitar puertos de Oracle que no sean necesarios CONTÍNUA........	3		Todos	

DISPONIBILIDAD BACKUP Y RECOVERY				
Asegurarse que la base este en modo *ARCHIVE LOG*	2		Todos	SQL>alter database ARCHIVELOG;
Revisar los backups regularmente	1		Todos	
Guardar los backups en discos diferentes al de la data y si es posible en cinta	3		Todos	

2.2.4 Evaluación de resultados en el laboratorio

Dentro de los alcances del proyecto no estaba contempladas pruebas de campo pero como valor adicional se agrega las comprobaciones y verificaciones en un ambiente de Test.

El ambiente de Test es un laboratorio armado para poder tener el ambiente de Base de datos Oracle versión 11g.
Las características del laboratorio incluye las siguientes plataformas y programas:

- Plataforma base VMware® Workstation versión 8.0.0 build-471780
- Sistema Operativo virtualizado Linux Red Hat versión 5.7
- Base de Datos Oracle versión 11g
- Programas de Testeo:
    - Inguma versión 3.0

2.2.4.1 Evaluación sin aplicar el checklist

Se marcan los parámetros iniciales

```
inguma> target = "uberserver.com"
inguma> show options
inguma> scanType = "S"
Options

Target:                     uberserver.com
Port:                       0
Covert level:               0
Timeout:                    1
Wait time:                  0.1
Wizard mode:                False
```

Realizamos un escaneo de puertos

```
inguma> portscan
Portscan results
----------------
Port 80/www is opened at uberserver.com
Port 7777 is opened at uberserver.com
Port 8080/webcache is opened at uberserver.com
Port 21/ftp is opened at uberserver.com
Port 9090 is opened at uberserver.com
```

Puertos TCP

```
inguma> tcpscan

Scanning port 17004 (418/418)

Open Ports

----------

Port 1521 is open

Port 135/loc-srv is open

Port 3306/mysql is open

Port 139/netbios-ssn is open
```

Sin la configuración adecuada se puede acceder a la consola de sqlplus con un simple comando y acceder a la base de datos.

```
[oracle@srvoracle ~]$ sqlplus / as sysdba

SQL*Plus: Release 11.2.0.3.0 Production on Sat Nov 30 09:22:18 2013

Copyright (c) 1982, 2011, Oracle.  All rights reserved.

Connected to:

Oracle Database 11g Enterprise Edition Release 11.2.0.3.0 - 64bit Production

With the Partitioning, Automatic Storage Management, OLAP, Data Mining and Real Application Testing
options

SQL>
```

Para poder asegurar esta entrada se debe aplicar la característica de nivel medio donde se quita el prefijo del sistema operativo en la autenticación de Oracle.

```
[oracle@srvoracle ~]$ sqlplus / as sysdba

SQL*Plus: Release 11.2.0.3.0 Production on Sat Nov 30 09:22:18 2013

Copyright (c) 1982, 2011, Oracle.  All rights reserved.

Connected to:

Oracle Database 11g Enterprise Edition Release 11.2.0.3.0 - 64bit Production

With the Partitioning, Automatic Storage Management, OLAP, Data Mining and Real Application Testing
options

SQL> alter system set os_authent_prefix='' scope=spfile sid='';

System altered.

SQL>
```

Al intentar nuevamente conectarse luego de aplicar esta configuración resulta lo siguiente:

```
[oracle@srvoracle ~]$ sqlplus / as sysdba

ERROR:

ORA-01031: insufficient privileges

SQL>
```

REFERENCIAS BIBLIOGRAFICAS

Bibliografía

Binaora. (1 de Diciembre de 2012). *Opciones avanzadas de características de seguridad* . Obtenido de http://www.brainora.com/02.brainora.database.html

Bunvand, E. (1 de Noviembre de 2012). *EBHL*. Obtenido de The Heroic Hacker: Legends of the Computer Age: http://www.cs.utah.edu/~elb/folklore/afs-paper/afs-paper.html

CCN-CERT . (1 de Agosto de 2012). *Centro Cryptològico Nacional*. Obtenido de Actualizaciones de seguridad para Oracle: https://www.ccn-cert.cni.es/index.php?option=com_content&view=article&id=3373%3Alas-vulnerabilidades-de-dia-cero-marcan-los-primeros-meses-de-2013&catid=80&Itemid=197&lang=es

Cert. (1 de Diciembre de 2013). *Cert.org*. Obtenido de Carnegie Mellon Sotfware Engeenering Institute: http://www.cert.org/

CIIFEN. (1 de Diciembre de 2010). *Casos de Estudio*. Obtenido de Definicion de Riesgo:

http://www.ciifen.org/index.php?option=com_content&view=category&id=84&layout=blog&Itemid=111&lang=es

David Goldsmith, M. S. (1 de Noviembre de 2013). *FWALK*. Obtenido de A Traceroute-Like Analysis of IP Packet Responses to Determine Gateway Access Control Lists: http://www.packetfactory.net/firewalk/firewalk-final.pdf

Imperva. (12 de Diciembre de 2013). *Imperva*.

ISO. (1 de Diciembre de 2013). *ISO 27000*. Obtenido de Dominios ISO : http://www.unit.org.uy/iso27000/iso27000.php

Karr, C. (1 de Mayo de 2012). *Informe Deloitte* . Obtenido de http://investors.imperva.com/phoenix.zhtml?c=247116&p=irol-newsArticle_print&ID=1760027&highlight=

Marlene Theriault, A. N. (2007). *Manual de seguridad Oracle* . California: McGraw Hill .

Oracle. (20 de 10 de 2007). *Oracle.com*. Obtenido de Oracle Label Security: http://www.oracle.com/technetwork/es/documentation/317483-esa.pdf

Oracle. (1 de Septiembre de 2008). *Oracle*. Obtenido de Soluciones transparentes : http://www.oracle.com/technetwork/es/database/enterprise-edition/documentation/seguridad-cumplimiento-database-11g-444626-esa.pdf

Oracle. (20 de 10 de 2013). *Oracle*. Obtenido de Fine Grained Auditing: http://www.oracle.com/technetwork/database/security/fine-grained-auditing/index.html

PHYTON. (1 de Diciembre de 2013). *PHYTON*. Obtenido de About: http://www.python.org/about/

Pullas, P. (1 de Diciembre de 2011). *Tips de seguridad en base de datos.* . Obtenido de http://www.ecuoug.org/?p=26

SANS. (1 de Octubre de 2013). *Veinte controles críticos para la cyber defense*. Obtenido de http://www.sans.org/critical-security-controls/

Segu, I. (1 de Junio de 2012). *Herramientas gratuitas para penetration testing*. Obtenido de http://blog.segu info.com.ar/2012/06/herramientas-gratuitas-para-penetration.html#axzz2dHCVG1pt

Sheehan, K. (3 de Diciembre de 2007). *Secure dba*. Obtenido de Hardening the Oracle 11g Database : http://www.securedba.com/securedba/2007/12/hardening-the-o.html#tpe-action-resize-446

Testing Security. (23 de Noviembre de 2012). *Testing Security.com*. Obtenido de http://www.testingsecurity.com/whitelists_vs_blacklists

Wheatman, J. (1 de Febrero de 2012). *Evolución de monitoreo hacia auditoria y protección*. Obtenido de http://www.gartner.com/technology/reprints.do?id=1-1A6PX24&ct=120419&st=sb#

Wheatman, J. (12 de Marzo de 2012). *Gartner*. Obtenido de Actividades de la base de datos que se deberían monitorear : http://www.gartner.com/technology/reprints.do?id=1-1BUG731&ct=120827&st=sb#

ANEXO A

Listado de Normas ISO 27000 y vocabulario.

ISMS family of standards

The ISMS family of standards1) (see Clause 4) is intended to assist organisations of all types and sizes to implement and operate an ISMS and consists of the following International Standards, under the general title *Information technology — Security techniques (given below in numerical order)*:

ISO/IEC 27000:2009, *Information security management systems — Overview and vocabulary*

ISO/IEC 27001:2005, *Information security management systems — Requirements*

ISO/IEC 27002:2005, *Code of practice for information security management*

ISO/IEC 27003:2010, *Information security management system implementation guidance*

ISO/IEC 27004:2009, *Information security management — Measurement*

ISO/IEC 27005:2011, *Information security risk management*

ISO/IEC 27006:2011, *Requirements for bodies providing audit and certification of information security management systems*

ISO/IEC 27007:2011, *Guidelines for information security management systems auditing*

ISO/IEC TR 27008:2011, *Guidelines for auditors on information security management systems controls*

ISO/IEC 27010:2012, *Information security management guidelines for inter-sector and inter-organisational communications*

ITU-T X.1051 | ISO/IEC 27011:2008, *Information security management guidelines for telecommunications organisations based on ISO/IEC 27002*

ISO/IEC FDIS 27013, *Guidance on the integrated implementation of ISO/IEC 27001 and ISO/IEC 20000-1*

ITU-T X.1054 | ISO/IEC FDIS 27014, Governance of information security

ISO/IEC TR 27015, *Information security management guidelines for financial services*

ISO/IEC WD 27016, *Information security management – Organisational economics*

NOTE: The general title "*Information technology — Security techniques*" indicates that these standards were prepared by Joint Technical Committee ISO/IEC JTC 1, *Information technology*, Subcommittee SC 27, *IT Security techniques*.

International Standards not under the same general title that are also part of the ISMS family of standards are as follows:

ISO 27799:2008, *Health informatics — Information security management in health using ISO/IEC 27002*

2Terms and definitions

For the purposes of this document , the following terms and definitions apply.

NOTE 1 A term in a definition or note which is defined elsewhere in this clause is indicated by boldface followed by its entry number in parentheses. Such a boldface term can be replaced in the definition by its complete definition.

For example:

attack (2.4) is defined as "attempt to destroy, expose, alter, disable, steal or gain unauthorized access to or make unauthorized use of an asset (2.3)";

asset is defined as "any item that has value to the organisation".

If the term "asset" is replaced by its definition:

attack then becomes "attempt to destroy, expose, alter, disable, steal or gain unauthorized access to or make unauthorized use of any item that has value to the organisation".

2.1 access control means to ensure that access to assets (2.4) is authorized and restricted based on business and security requirements

2.2 accountability assignment of actions and decisions to an entity

2.3 analytical model algorithm or calculation combining one or more base (2.11) and/or derived measures (2.21) with associated decision

2.4 asset anything that has value to the organization

NOTE There are many types of assets, including:

a) information;

b) software, such as a computer program;

c) physical, such as computer;

d) services;

e) people, and their qualifications, skills, and experience; and

f) intangibles, such as reputation and image.

2.5 attack

attempt to destroy, expose, alter, disable, steal or gain unauthorized access to or make unauthorized use of an asset (2.4)

2.6 attribute property or characteristic of an object that can be distinguished quantitatively or qualitatively by human or automated means

2.7 audit scope extent and boundaries of an audit

2.8 authentication provision of assurance that a claimed characteristic of an entity is correct

2.9 authenticity property that an entity is what it claims to be

2.10 availability property of being accessible and usable upon demand by an authorized entity

2.11 base measure measure (2.43) defined in terms of an attribute (2.6) and the method for quantifying it

2.12 business continuity procedures (2.53) and/or processes (2.54) for ensuring continued business operations

2.13 confidentiality property that information is not made available or disclosed to unauthorized individuals, entities, or processes (2.54)

2.14 conformity fulfillment of a requirement

NOTE The term “conformance” is synonymous but deprecated.

2.15 consequence outcome of an event (2.24) affecting objectives

NOTE 1 An event can lead to a range of consequences.

NOTE 2 A consequence can be certain or uncertain and in the context of information security is usually negative.

NOTE 3 Consequences can be expressed qualitatively or quantitatively.

NOTE 4 Initial consequences can escalate through knock-on effects.

2.16 control

means of managing risk (2.61), including policies (2.51), procedures (2.53), guidelines (2.26), practices or organizational structures, which can be of administrative, technical, management, or legal nature

NOTE 1 Controls for information security include any process, policy, procedure, guideline, practice or organizational structure, which can be administrative, technical, management, or legal in nature which modify information security risk.

NOTE 2 Controls may not always exert the intended or assumed modifying effect.

NOTE 3 Control is also used as a synonym for safeguard or countermeasure.

2.17 control objective

Statement describing what is to be achieved as a result of implementing controls (2.16)

2.18 corrective action

Action to eliminate the cause of a detected non-conformity (2.48) or other undesirable situation

2.19 data collection of values assigned to base measures (2.11), derived measures (2.21) and/or indicators (2.27)

[ISO/IEC 15939:2007]

NOTE This definition applies only within the context of ISO/IEC 27004:2009.

2.20 Decision criteria thresholds, targets, or patterns used to determine the need for action or further investigation, or to describe the level of confidence in a given result

2.21 derived measure

Measure (2.43) that is defined as a function of two or more values of base measures (2.11)

2.22 effectiveness extents to which planned activities are realized and planned results achieved

2.23 efficiency relationship between the results achieved and the resources used

2.24 event occurrence or change of a particular set of circumstances

NOTE 1 An event can be one or more occurrences, and can have several causes.

NOTE 2 An event can consist of something not happening.

NOTE 3 An event can sometimes be referred to as an "incident" or "accident".

2.25 external context external environment in which the organization seeks to achieve its objectives

NOTE External context can include: the cultural, social, political, legal, regulatory, financial, technological, economic, natural and competitive environment, whether international, national, regional or local; key drivers and trends having impact on the objectives of the organization; and relationships with, and perceptions and values of, external stakeholders.

2.26 guideline description that clarifies what should be done and how, to achieve the objectives set out in policies (2.51)

2.27 indicator measure (2.43) that provides an estimate or evaluation of specified attributes (2.6) derived from an analytical model (2.3) with respect to defined information needs (2.28)

2.28 information need

insight necessary to manage objectives, goals, risks and problems

[ISO/IEC 15939:2007]

2.29 information processing facilities any information processing system, service or infrastructure, or the physical locations housing them

2.30 information security preservation of confidentiality (2.13), integrity (2.36) and availability (2.10) of information

NOTE In addition, other properties, such as authenticity (2.9), accountability (2.2), non-repudiation (2.49), and reliability (2.56) can also be involved.

2.3 1information security event identified occurrence of a system, service or network state indicating a possible breach of information security policy or failure of safeguards, or a previously unknown situation that may be security relevant

2.32 information security incident single or a series of unwanted or unexpected information security events (2.31) that have a significant probability of compromising business operations and threatening information security (2.30)

2.33 information security incident management processes (2.54) for detecting, reporting, assessing, responding to, dealing with, and learning from information security incidents (2.32)

2.34 information security management system

ISMS

Part of the overall management system (2.42), based on a business risk approach, to establish, implement, operate, monitor, review, maintain and improve information security (2.30)

NOTE The management system includes organizational structure, policies, planning activities, responsibilities, practices, procedures, processes and resources.

2.35 information system application, service, information technology asset, or any other information handling component

2.36 integrity property of protecting the accuracy and completeness of assets (2.4)

2.37 Internal context internal environment in which the organization seeks to achieve its objectives governance, organizational structure, roles and accountabilities; policies, objectives, and the strategies that are in place to achieve them; the capabilities, understood in terms of resources and knowledge (e.g. capital, time, people, processes, systems and technologies); information systems, information flows and decision-making processes (both formal and informal); relationships with, and perceptions and values of, internal stakeholders; the organization's culture; standards, guidelines and models adopted by the organisation; and form and extent of contractual relationships.

2.38 ISMS project structured activities undertaken by an organization to implement an ISMS (2.34)

2.39 level of risk magnitude of a risk (2.61) expressed in terms of the combination of consequences (2.15) and their likelihood (2.40) likelihood chance of something happening

2.41 management coordinated activities to direct and control an organization

2.42 management system framework of guidelines (2.26), policies (2.51), procedures (2.53), processes (2.54) and associated resources aimed at ensuring an organization meets its objectives

2.43 measure variable to which a value is assigned as the result of measurement (2.44)

NOTE the term "measures" is used to refer collectively to base measures, derived measures, and indicators.

2.44 measurement process of obtaining information about the effectiveness (2.22) of ISMS (2.34) and controls (2.16) using a measurement method (2.46), a measurement function (2.45), an analytical model (2.3), and decision criteria (2.20)

2.45 measurement function algorithm or calculation performed to combine two or more base measures (2.11)

2.46 measurement method logical sequence of operations, described generically, used in quantifying an attribute (2.6) with respect to a specified scale (2.72)

[ISO/IEC 15939:2007]

NOTE The type of measurement method depends on the nature of the operations used to quantify an attribute. Two types can be distinguished: subjective: quantification involving human judgment; objective: quantification based on numerical rules.

2.47 measurement results one or more indicators (2.27) and their associated interpretations that address an information need (2.28)

2.48 non-conformity non-fulfillment of a requirement

2.49 non-repudiation ability to prove the occurrence of a claimed event or action and its originating entities

2.50 object item characterized through the measurement (2.44) of its attributes (2.6)

2.51 policy overall intention and direction as formally expressed by management (2.41)

2.52 preventive action action to eliminate the cause of a potential non-conformity (2.48) or other undesirable potential situation

2.53 procedure specified way to carry out an activity or a process (2.54)

2.54 process set of interrelated or interacting activities which transforms inputs into outputs

2.55 record document stating results achieved or providing evidence of activities performed

2.56 reliability property of consistent intended behavior and results

2.57 residual risk (2.61) remaining after risk treatment (2.71)

NOTE 1 Residual risk can contain unidentified risk.

NOTE 2 Residual risk can also be known as “retained risk”.

2.58 review activity undertaken to determine the suitability, adequacy and effectiveness (2.22) of the subject matter to achieve established objectives

2.59 review object specific item being reviewed

2.60 review objective statement describing what is to be achieved as a result of a review

2.61 risk effect of uncertainty on objectives

NOTE 1 An effect is a deviation from the expected — positive and/or negative.

NOTE 2 Objectives can have different aspects (such as financial, health and safety, information security, and environmental goals) and can apply at different levels (such as strategic, organization-wide, project, product and process).

NOTE 3 Risk is often characterized by reference to potential events (2.24) and consequences (2.15), or a combination of these.

NOTE 4 Information security risk is often expressed in terms of a combination of the consequences of an information security event and the associated likelihood (2.40) of occurrence.

NOTE 5 Uncertainty is the state, even partial, of deficiency of information related to, understanding or knowledge of, an event, its consequence, or likelihood.

NOTE 6 Information security risk is associated with the potential that threats will exploit vulnerabilities of an information asset or group of information assets and thereby cause harm to an organization.

2.62 risk acceptance decision to accept a risk (2.61)

2.63 risk analysis process to comprehend the nature of risk (2.61) and to determine the level of risk (2.39)

NOTE 1 Risk analysis provides the basis for risk evaluation and decisions about risk treatment.

NOTE 2 Risk analysis includes risk estimation.

2.64 risk assessment overall process (2.54) of risk identification (2.68), risk analysis (2.63) and risk evaluation (2.67)

2.65 risk communication and consultation continual and iterative processes that an organization conducts to provide, share or obtain information, and to engage in dialogue with stakeholders (2.74) regarding the management of risk (2.61)

NOTE 1 The information can relate to the existence, nature, form, likelihood, significance, evaluation, acceptability and treatment of risk.

NOTE 2 Consultation is a two-way process of informed communication between an organization and its stakeholders on an issue prior to making a decision or determining a direction on that issue. Consultation is: a process which impacts on a decision through influence rather than power; and an input to decision making, not joint decision making.

2.66 risk criteria terms of reference against which the significance of risk (2.61) is evaluated

NOTE 1 Risk criteria are based on organisational objectives, and external and internal context.

NOTE 2 Risk criteria can be derived from standards, laws, policies and other requirements.

2.67 risk evaluation process (2.54) of comparing the results of risk analysis (2.63) with risk criteria (2.66) to determine whether the risk (2.61) and/or its magnitude is acceptable or tolerable

NOTE Risk evaluation assists in the decision about risk treatment.

2.68 risk identification process of finding, recognizing and describing risks (2.61)

[ISO Guide 73:2009]

NOTE 1 Risk identification involves the identification of risk sources, events, their causes and their potential consequences.

NOTE 2 Risk identification can involve historical data, theoretical analysis, informed and expert opinions, and stakeholders' needs.

2.69 risk management coordinated activities to direct and control an organization with regard to risk (2.61)

2.70 risk management process systematic application of management policies (2.51), procedures (2.53) and practices to the activities of communicating, consulting, establishing the context and identifying, analyzing, evaluating, treating, monitoring and reviewing risk (2.61)

NOTE ISO/IEC 27005 uses the term 'process' to describe risk management overall. The elements within the risk management process are termed 'activities'

2.71 risk treatment process (2.54) to modify risk (2.61)

NOTE 1 Risk treatment can involve:

ISO/IEC 27000:2012(E)

10 © ISO/IEC 2012 – All rights reserved avoiding the risk by deciding not to start or continue with the activity that gives rise to the risk; taking or increasing risk in order to pursue an opportunity; removing the risk source; changing the likelihood; changing the consequences; sharing the risk with another party or parties (including contracts and risk financing); and retaining the risk by informed choice.

NOTE 2 Risk treatments that deal with negative consequences are sometimes referred to as "risk mitigation", "risk elimination", "risk prevention" and "risk reduction".

NOTE 3 Risk treatment can create new risks or modify existing risks.

2.72 scale ordered set of values, continuous or discrete, or a set of categories to which the attribute (2.6) is mapped

NOTE The type of scale depends on the nature of the relationship between values on the scale. Four types of scale are commonly defined: nominal: the measurement values are categorical; ordinal: the measurement values are rankings; interval: the measurement values have equal distances corresponding to equal quantities of the attribute; ratio: the measurement values have equal distances corresponding to equal quantities of the attribute, where the value of zero corresponds to none of the attribute.

These are just examples of the types of scale.

2.73 security implementation standard document specifying authorized ways for realizing security

2.74 stakeholder person or organization that can affect, be affected by, or perceive themselves to be affected by a decision or activity

2.75 statement of applicability documented statement describing the control objectives (2.17) and controls (2.16) that are relevant and applicable to the organization's ISMS (2.34)

2.76 third party person or body that is recognized as being independent of the parties involved, as concerns the issue in question

[ISO/IEC 27002:2005]

2.77 threat potential cause of an unwanted incident, which may result in harm to a system or organization

ISO/IEC 27000:2012(E)

© ISO/IEC 2012 – All rights reserved 11

2.78 unit of measurement particular quantity, defined and adopted by convention, with which other quantities of the same kind are compared in order to express their magnitude relative to that quantity

2.79 validation confirmation, through the provision of objective evidence, that the requirements for a specific intended use or application have been fulfilled

2.80 verification confirmation, through the provision of objective evidence, that specified requirements have been fulfilled

NOTE This could also be called compliance testing.

2.81 vulnerability weakness of an asset (2.4) or control (2.16) that can be exploited by one or more threats (2.77)

3 Information security management systems

3.1 Introduction

Organizations of all types and sizes:

a) collect, process, store, and transmit information;

b) Recognize that information, and related processes, systems, networks and people are important assets for achieving organization objectives;

c) face a range of risks that may affect the functioning of assets; and

d) address their perceived risk exposure by implementing information security controls.

All information held and processed by an organization is subject to threats of attack, error, nature (for example, flood or fire), etc, and is subject to vulnerabilities inherent in its use. The term information security is generally based on information being considered as an asset which has a value requiring appropriate protection, for example, against the loss of availability, confidentiality and integrity. Enabling accurate and complete information to be available in a timely manner to those with an authorized need is a catalyst for business efficiency.

Protecting information assets through defining, achieving, maintaining, and improving information security effectively is essential to enable an organization to achieve its objectives, and maintain and enhance its legal compliance and image. These coordinated activities directing the implementation of suitable controls and treating unacceptable information security risks are generally known as elements of information security management.

As information security risks and the effectiveness of controls change depending on shifting circumstances, organizations need to:

a) monitor and evaluate the effectiveness of implemented controls and procedures;

ISO/IEC 27000:2012(E)

12 © ISO/IEC 2012 – All rights reserved

b) Identify emerging risks to be treated; and

c) Select, implement and improve appropriate controls as needed.

To interrelate and coordinate such information security activities, each organization needs to establish its policy and objectives for information security and achieve those objectives effectively by using a management system.

yes

I want morebooks!

Buy your books fast and straightforward online - at one of the world's fastest growing online book stores! Environmentally sound due to Print-on-Demand technologies.

Buy your books online at

www.get-morebooks.com

¡Compre sus libros rápido y directo en internet, en una de las librerías en línea con mayor crecimiento en el mundo! Producción que protege el medio ambiente a través de las tecnologías de impresión bajo demanda.

Compre sus libros online en

www.morebooks.es

OmniScriptum Marketing DEU GmbH
Bahnhofstr. 28
D - 66111 Saarbrücken
Telefax: +49 681 93 81 567-9

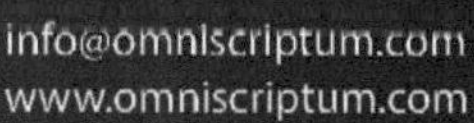

info@omniscriptum.com
www.omniscriptum.com

Printed by Books on Demand GmbH, Norderstedt / Germany